心一堂術數古籍珍本叢刊

書名：後天神數（六十四卦配奇門本）（下）
系列：心一堂術數古籍珍本叢刊　星命類　神數系列　第三輯　293
作者：舊題【宋】邵雍
主編、責任編輯：陳劍聰
心一堂術數古籍珍本叢刊編校小組：陳劍聰　素聞　鄒偉才　虛白盧主　丁鑫華

出版：心一堂有限公司
通訊地址：香港九龍旺角彌敦道六一〇號荷李活商業中心十八樓〇五—〇六室
深港讀者服務中心·中國深圳市羅湖區立新路六號羅湖商業大厦負一層〇〇八室
電話號碼：(852)9027-7110
網址：publish.sunyata.cc
電郵：sunyatabook@gmail.com
網店：http://book.sunyata.cc
淘寶店地址：https://sunyata.taobao.com
微店地址：https://weidian.com/s/1212826297
臉書：https://www.facebook.com/sunyatabook
讀者論壇：http://bbs.sunyata.cc/

版次：二零二一年五月初版
平裝：三冊不分售

定價：港幣　八百八十元正
　　　新台幣　三仟八百八十元正

國際書號：ISBN 978-988-8583-89-8

香港發行：香港聯合書刊物流有限公司
地址：香港新界荃灣德士古道二二〇—二四八號荃灣工業中心十六樓
電話號碼：(852)2150-2100
傳真號碼：(852)2407-3062
電郵：info@suplogistics.com.hk
網址：http://www.suplogistics.com.hk

台灣發行：秀威資訊科技股份有限公司
地址：台灣台北市內湖區瑞光路七十六巷六十五號一樓
電話號碼：+886-2-2796-3638
傳真號碼：+886-2-2796-1377
網絡書店：www.bodbooks.com.tw
台灣秀威書店讀者服務中心：
地址：台灣台北市中山區松江路二〇九號一樓
電話號碼：+886-2-2518-0207
傳真號碼：+886-2-2518-0778
網絡書店：http://www.govbooks.com.tw

中國大陸發行　零售：深圳心一堂文化傳播有限公司
深圳地址：深圳市羅湖區立新路六號羅湖商業大厦負一層〇〇八室
電話號碼：(86)0755-82224934

心一堂微店二維碼

心一堂淘寶店二維碼

蠱

後天艮之巽

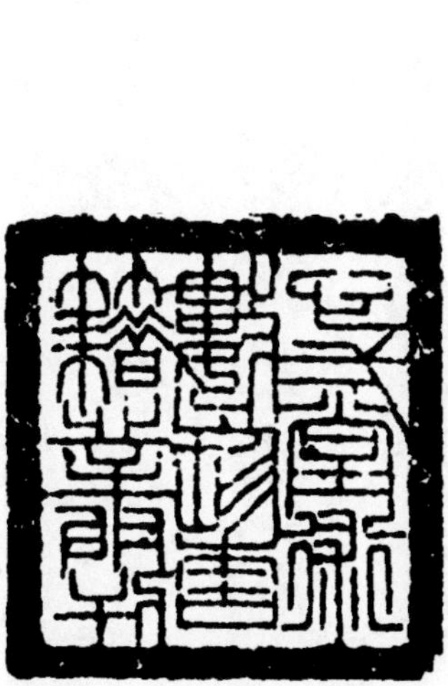

乾　坎　艮　震

艮之巽　休

孟冬之節交水始冰　雉入大水化為蜃
生長當在十月內　二十四日下天宮
大運交至戊土中　政績奇異被皇恩
小民愛戴同父母　也多利祿也多名
琴瑟調和絃自安　夫妻好似並頭蓮
相配夫君屬馬相　楊柳枝上子規喧
后天數上定命宮　室人豬相已遭刑
再取屬狗為夫婦　方是金菊對芙蓉

巽 離 坤 兌

巽卦斷定妻子宮　春滿花開雨後紅
佳人屬鼠難偕老　再娶屬馬到百春
後天查對兄弟宮　雁行排定有六人
此造領袖為居長　生身原是一母親

王僚遇專諸

雙親堂上原(下)問(上)因　母親一定是屬龍
父命屬馬無差錯　試看百年不老人

艮之巽　休

艮之巽　生

乾 坎 艮 震

四十三四晦

丙寅運中吉凶殊　卦爻之內定乘除
上五年雨零園菓　下五年土掩明珠
大運丙戌甚吉祥　正逢旺地官祿強
職位陞遷如願賞　致君澤民姓名揚
母氏原來是屬猪　音容欲睹杳然無
嚴君屬虎在塵世　壽比松栢德不孤

巽 離 坤 兌

月老錯配好姻緣　鴛鴦一對不團圓
妻屬小龍難偕老　再娶屬狗到百年
堂上雙親卦中論　算來父是屬馬人
慈母已定屬狗相　世上那有百年存
梨花朵朵粉粧成　手足宮中定得清
姐妹五人非一母　次序排來作四名
蟄蟲坏戶白露天　鴻雁對對望南旋
生辰八月二十四　脫胎離母到堂前

艮之巽　生

乾　坎　艮　震

艮之巽　傷

虺蛇入夢產非男　弄瓦原來是不祥
若問女身何日降　父年四十五歲間
已日庚午時高強　今生必定姓名揚
世食天祿身榮貴　去到朝中伴君王
丙寅運至一卦中詳　必有災禍把身纏
上五年間多不利　下五年交自平安
后天卦內斷得清　雙親年命不相同
請君靜聽椿萱相　父是屬馬母屬龍

巽　定就慈母屬小龍　陽世無祿去歸陰
老父必是屬虎相　福壽悠悠是老彭

離　荷花開放滿池紅　腐草應候已為螢
生長六月二十四　靈胎落地母子分

坤　三十五歲大運通　天喜紅鸞入命宮
身遊泮水人欽羨　光宗耀祖換門庭

兌　四十三四動凶

艮之巽　傷

乾坎艮震

艮之巽　杜

大運交壬丙戌間　爻象落空起禍殃
辛有吉星來解救　災危不作永平安
若問此命何營生　去到長衢救飢人
食物精造般般有　開設飯鋪是其能
甲日庚午帶貴星　今生必作人上人
食祿千鍾人爭羨　君王見愛職加增
和風吹動牡丹開　四月之內離母胎
下旬正當二十四　晚景福壽自天來

巽

朔風凜凜透窗前　耐冷梅花雪裡鮮
閏十一月初五日　靈胎滿月下凡天

離　四十三四　吝

坤

運行丙寅欠亨通　家門不利災患生
還有無端口舌至　日月雲遮光少明

兌

欲問君身定壽年　何時辭世染黃泉
祿絕數盡辭陽世　七十一歲命歸天

艮之巽　杜

艮之巽　景

大運寅(下)丙(上)命多乖　月到中秋雲不開
破財少主長生間　荊棘纏身怎遂懷
牡丹枝上子規鳴　出水荷花映日紅
若問子宮何歲立　佳妻四十一年中
八字前定非今生　功名富貴在命宮
官居雜職與史位　職小權大有聲名

乾　坎　艮　震

四十三四　貞吉

巽離坤兌

一生衣祿由天定　終有名隨物利亨
生長二月二十四　一世安然百福通
二十八九運不通　災禍提防來及身
遊魚有志長江去　困在沙泥河套中
坤卦之內定吉凶　父是天一水命人
君問母氏為何相　冲子生在馬年中
大運丙戌卦中論　正是桃李在三春
雖然開花未結果　雨露培養秋季紅

艮之巽　景

乾坎艮震

艮之巽　死

姻緣本是前生定　人生那得强求成
佳人相乃屬馬者　甲午命是沙中金
父親已定馬年生　閻王路上不回程
母氏屬狗添述壽　栽植丹桂發庭中
雙親伯上細推求　母命屬虎定因由
嚴人命注定無移改　人生百歲也難留
二九三十旺家門　富貴榮華自天生
出入逓達添財寶　私為官幹業皆通

巽

後天法定兄弟宮　排來好似品字刑
手足一連人三个　內有帶破保安寧

離

大運丙戌鵲營巢　愛多拮据不辭勞
從今防患已安寗　那怕狂風急雨遭

坤

此命生來祖業艱　就是衣食也費難
東奔西走多勞若　日進背財步餘粮

兌

丙寅六交來運大通　春園落雨花更紅
思衣就有進衣者　思食尤多進食人

艮之巽　死

乾坎艮震

艮之巽 驚

這幾年來運不通
冬日龍蛇屈土中
時窮反遭蝦蠏侮
勢迫又被雞犬侵
蟄蟲咸俯季秋臨
鴻雁南飛有遠聲
生辰壬定閏九月
二十四日下天宮
乾坤位上父爻旺
庚相原來是屬龍
父爻衰敗已入土
一家生在馬年中
丙戌交來運欠安
少有官詞到門前
丟財惹氣悶煩惱
長吁短嘆受熬煎

巽 離 坤 兌

此造細推福祿强　一人承繼兩門墻
若要先祖不絕嗣　洞房匹配二鴛鴦
大運丙寅最可誇　財祿盈門喜事加
春前長起千條柳　雨後新開幾朵花
五行命理細推查　父母宮定中不差
萱堂主就無錯謬　老父原爲虎相佳
人生在世不自由　六親之內犯刑囚
妻宮主定尅一个　再續馬相方到頭

艮之巽　驚

艮之巽　開

後天推算手足宮　伯令叔令共兩丁
兄弟二人爭先後　係命居長一母生

乾　坎　艮　震

月朗風清

日躔玄枵雁北御　朔風凛凛度天關
生辰已定臘月內　二十四日降下凡
綠柳依依繞畫堂　長男屬虎命源強
上無兄來下無弟　門前竹影自生光

巽

女運戊午最可誇　靜室明燈雨后花
閨門並無災與病　坐看蘭桂自興家

離

人生八字不可誇　魁去妻宮馬相家
再娶又是屬馬者　方保偕老永無差

坤

乾坤位上雨文旺　今生必定享遐齡
父親沖子馬年降　母氏沖辰狗歲生

兌

鴛鴦相會在池中　釣者驚鳥飛西復東
佳人已定魁四个　五房屬狗保安平

艮之巽　開

離

後天離之離

離之離　休

乾

三十四五禍来臨　駁雜崎嶇實久通

一身跳入火坑内　雙手撥開事非門

坎

壬戌運裡少禎祥　若氣丟財瞎痛傷

暈掩日明月不顯　雲遮般日日無光

艮

抬頭所見皆木石　轉眼又逢鹿豕來

山中衣食不易覓　費盡氣力踏破鞋

震

紅鸞照命最吉祥　丹桂堂前喜氣洋

妻年至二十一　洞房之内產見郎

巽 戊 戊日寅時最吉祥 芝蘭美質異群芳

丹霄有路居能[redacted] 腰金衣紫伴君王

離 三陽開泰物華新 斗柄輪迴正建寅

你命何時降人世 正月十三下天宮

坤 運行乜交至甲寅 鳥出卯兮雌每鳴

待得繞梁功候足 奮飛鼓翼勢凌雲

兌 五十一二元吉

離之離 休

離之離 生

交來命運至甲寅　名利途中莫費心
半若半甘曾閱歷　多愁多慮總為空

乾

坎卦之內定雙親　父是天五土命人

坎

配定慈母何相好　鼠厥之內降生身

艮

壬戌運內多主凶　財源散去似浮雲
正愁白髮身邊過　獨守松門卧不寧

震

雙親後上一丈凶　父命屬狗到陰中
老母已定屬猴相　在堂獨自伴孤燈

巽

卦中之理玄又玄　窮通得失是前緣
五十七歲生一子　枯木開花色更鮮

離

前生定就子息宮　雁行四个对匕鳴
内中還主有帶破　令世福祿顯榮門

坤

坤卦推世算間人　運臨戊顯地功明
離是不登龍虎榜　也許捐納耀門庭

兌

流年三十五六中　出入常逢好友朋
鑿山定然見美玉　淘沙僥倖遇黃金

離之離　生

離之離　傷

馳馬試劍昔日事　追憶當年進士成
只緣誤犯皇王法　終作悠上布衣人

乾

老樹花開子結成　深秋猶可顯青紅

坎

父年交至五十七　生你傳家命源通
姻緣簿上定得清　前世夫妻今世逢

艮

佳人屬虎壬寅相　命已定就金箔金
日躔壽星雷納声　桂花香馥滿庭中

震

生辰已定閏八月　一十三日下天宮

巽

巽卦之內父爻凶　相是屬狗去歸陰
屬虎老母春常在　種植蘭桂長成林

離

性巧心靈手藝高　也用黃米也用硝
別得生意你不做　終朝每日弄皮毛

坤

運至壬戌慰素懷　財源滾滾至天來
明月再從雲裡出　紅蓮又向水中栽

兑

大運交來至甲寅　官詞口舌到門庭
辛有六合神相救　崎嶇顛險主虛驚

離之離　傷

離之離　杜

運交壬戌百事奇　財利盈門慶有餘
紅蓮遇夏生新葉　綠柳逢春發嫩枝

乾

雙親位上仔細求　父命屬狗母屬猴
二人在堂皆有壽　相欽（下）相敬（上）到白頭

坎

紫荊花放滿堂紅　兄弟三人一母生

艮

數中前定身居二　下一弟兮上一兄

震

佳菊至三秋

巽

歲寒松柏枝青　斗柄輪迴建子宮

生辰主定十一月　中旬十三下凡塵

女運甲戌最可誇　春夏秋冬事上佳

離

喜面常對芙花照　精神勃勃定起家

姻緣簿上查对清　今生一定剋三人

坤

四房配了屬虎相　方許白頭共同盟

天上三奇乙丙丁　四柱八字暗相逢

兌

富貴榮華命中帶　當今帝主是岳翁

離之離　杜

離之離 景

乾 坎 離 艮 坤 震 兌

月缺再圓人事好
春來冬去柳梢青
佳人屬狗難偕老
重娶屬虎保長生
南飛鴻雁叫声忙
菊綻籬邊朵朵黃
若問你命何時立
九月中旬是十三
雙親位上推算真
父狗母虎定年庚
壽源直可齊松柏
白髮蒼顏老大人
洞房花燭良宵永
帳內鴛鴦配合成
夫妻同是屬狗相
美滿恩情到百春

巽 財似浮雲

離

大運交來地支黃 祿馬催官助貴人

峴上又見羊枯墓至 群黎歌舞道途中

坤

高飛鴻雁排成群 手足宮中一母生

上三兄來下三弟 你命居在正當中

兌

雨足郊原萬物生 蟠桃樹上菓初成

此命定五三个子 長男生在狗年中

離之離 景

離之離　死

乾
四柱排来論五行　雙親俱上推算諸
母氏属鴉已帰土　在堂馬父獨鼓盆

坎　五十一二先否後吉

艮
鵲橋高駕渡銀河　織女牛郎兩意和
七月十三降天（塵）世　椿萱堂上春笙歌

震
大運六爻來至甲寅　生民被澤迎歌聲
辦事幹鍊多卓異　重々叠々受皇卦

巽

瓊花朵上下瑤臺　姐妹八人一並来
數中前定你居六　雖同一父不同胎

離

大運交至午火中　官星隐昧欠光明
蹭蹬爵祿不隨意　惹氣丢財亦受驚

坤

五行命理聖賢留　八字之中仔細求
若問人間親庚相　父是屬狗母屬猴

兌

若要妻宮同到老　直須鐵帚对銅盆
前房尅去屬龍婦　右續佳人虎歲生

離之離　死

離之離 驚

雙親庚相在何宮 爻象查來兩相明

乾

父命冲辰狗年降 母氏冲申虎歲生

坎

卦查爻之上仔細查 虺蛇兆夢甚堪誇

艮

父年方交四十五 庭前喜產一枝花

五十一二靜凶

震

命裡不應朱紫貴 終須林下作閑人

修真養老脫塵俗 徒子徒孫送爾終

巽 離 坤 兌

可比甘羅發達早　應笑太公得意遲
童年纔交十五歲　脫去白衫換藍衣
壬戌運有否有泰　卦爻內分正分奇
上五年明珠獻世　下五年良玉埋泥
獻
日躍鷄首麋角觧　看得郊原半夏生
若問你身何日立　五月十三降紅塵
雙親位上數不同　尅去慈母兒年生
馬父獨旺高堂上　晨鐘暮鼓起悲情

離之離　驚

乾　坎　艮　震

離之離　開

桃花開放杏花殘　看得戴勝又降桑
靈胎滿足降人世　三月中旬是十三
行運交來至甲寅　坎卦之內定吉凶
正似行船風不起　悠々蕩々達江心
君今若問榮枯事　只恐天年壽不齊
大限六十零三歲　陽世無祿到陰司
壬戌運中數不齊　吉凶豫報世人和
上五年泥途走馬　下五年平路行車

巽 莫怪交運到來遲 窮通得失應有時
流年交至三十一 伸手採芹入泮池
離 癸日寅時貴無邊 多財多藝福壽全
呂仙拔擢青雲路 朱衣薦引玉階前
坤 五十一二先喜後否
兌 日躔元枵雁北鄉 朔風凛匕水澤堅
生你丑當十一月 二十三日下九天
離之離 開

旅

後天離之艮

離之艮　休

乾　若問君命何時生　年交二十五歲零
一枝丹桂庭前秀　門上懸弧百福臻

坎　十九二十永貞吉

艮　日躔降婁玄鳥至　春分交節萬景清
二月下旬二十五　你命挺然下凡塵

震　運行乍交戊戌中　正似春日筍初生
雨露培養如有日　亭亭獨秀大器成

巽

五十二三流年交　船行風病浪滔滔

丢財惹氣心不遂　口舌是非命裡招

離

大運交來至戊寅　災殃不少禍重重

蛟龍出水遭蝦侮　虎豹離山被犬侵

坤

雙親堂上定的清　父命屬虎去归陰

孀母屬馬天增寿　獨在堂前伴孤燈

兌

一爻晦來一爻明　母親生在馬年中

卦中再查你得史　天二生數火命人

離之艮　休

離之艮　生

乾　坎　艮　震

雙親位上一爻凶　父親屬虎去歸陰
留下孀母孤單守　他定生在鼠年中
五十三四流年通　人逢美景長精神
財源滾滾千層浪　所作所為俱趁心
沖散鴛鴦多幾番　人生尅婦最心傷
六位佳人難伴老　洞房七次作新郎
戊寅交來運大通　名利途中振威名
相如完璧能歸趙　張儀攬權盜楚城

巽
運交戊戌似殘冬　用盡機關家業成
且自卷懷學高士　莫若象齒焚其身

離
鴛鴦戲水在池塘　姻緣簿上仔細詳
佳人配定屬馬相　天河水命丙午年

坤
父交受尅已归陰　定然生在馬年中
老母屬猪松筠操　精神康强百歲人

兑
夜夢熊羆最為祥　庚相拱照在人間
父年交至二十五　生你傳家謝上天

離之艮　生

離之艮　傷

乾　坎　艮　震

母文健旺悠悠寿　后天斷定是屬蛇
嚴君屬馬居敗地　麗統已到落鳳坡
運入戊戌事難調　必有官詞口舌招
吾勸君子小心守　免得散財心受焦
此命生來帶破星　五宮四柱與人同
作事之時伸出手　多得指頭難屈伸
雨洒鴛鴦兩地分　月下操琴不忍聞
佳人主定尅一个　后續必在馬年生

巽 離 坤 兌

運行交來至戊寅　花開盛夏滿園紅
作事順利添財寶　精神分外加幾層
進進鴻雁天邊叫　手足宮中有四人
生你原來一个母　后天斷定你三名
桂花開罷菊花黃　孟冬節近過重陽
生辰已定閏九月　二十五日產華堂
后天位上定雙親　二父俱旺此卦中
父虎母馬為庚相　堂前俱在享遐齡

離之艮　傷

離之艮　杜

乾　坎　艮　震

朔風吹得雁南鄉　水澤凝煉腹又堅
生辰巳定臘月内　二十五日下中天
花開結實進秀美　秋深紅白墜枝頭
長子屬虎先來報　后續一男不必愁
女運庚午最為良　作事順利出氣長
千葉蓮花開室内　百般祥瑞在心間
君家昆玉比八元　兄弟一排四進連
上六兄來下一弟　同父同母是奇觀

巽

巽卦之中主不祥　剋過妻宮是屬羊
重婚再配屬馬相　此命相守到百年

離

乾坤造化分五行　父親定是屬虎人
慈母屬鼠安然在　椿萱並茂百福增

坤　安枕高臥

兌

父母今世享遐齡　母生猪歲樂無窮
堂上嚴君屬馬相　永遠相守到百春

離之艮　**杜**

離之艮　　景

乾　坎　艮　震

修魚鱗

棍打鴛鴦兩地分　人生失耦應重婚
尅去佳人屬牛相　再娶屬馬來同盟
大運交至戌土中　官星透露顯光明
才名濟世家聲振　級職加增受誥封
二親庚相不相同　細細推求震卦中
父是冲申屬虎命　母氏冲子馬年生

巽　離　坤　兌

母父受尅必归陰
留下女親屬狗相
一世榮華實可嘉
百歲恩光前世定
錯配郎君屬馬相
矢志不改共姜操
日躔析木水始冰
生辰十月二十五
離之艮　景

算來必是屬馬人
獨居堂上享遐齡
母蛇父馬定不差
月滿盈虛在天涯
命不堅牢已去陰
皇天怎負苦心人
雉入大水化為蜃
脫離靈胎見母親

離之艮　死

乾

梅杏花開滿院香　姐妹五人各逞强
數中前定你居五　生身不是一層娘

坎

母爻衰敗寿不長　相是屬蛇到陰間
父親屬狗悠悠寿　依然不改舊江山

艮

戊寅運平陂不同　艮卦中定就吉凶
上五年陵遇光武　下五年操走華容

震

椿親堂上定年庚　兩相原來有異同
椿庭必是屬馬者　配合萱堂猪歲生

巽

東風吹綻一枝梅　柳陰深處聽子規
嚴君冲申屬虎命　配合彪母在羅幃

離

白露銀河天上橫　鴻雁飛鳴有遠聲
生你正當八月內　二十五日下天宮

坤

大運戊戌最為良　得時行道姓名揚
為民父母聲名遠　勅賜恩光近君王

兌

十九二十无大咎

離之艮　死

離之艮　驚

乾

勞心用意把書攻　却是功名晚歲成
流年交至四十七　採芹一定入黌門

坎

朔風吹雪冷如冰　斗柄輪迴建子宮
生辰主定閏十月　沐浴胎泥十一生

艮

庚日午時貴非常　玉殿金門到不難
羽毛豐滿冲天上　洪名直列斗牛間

震

董風送暑蟬鳴樹　火輪懸掛在簷前
生長必在六月內　二十五日下九天

巽

日月輪天似駐梭　椿萱位上不同科
試問人間親庚相　父是屬馬母屬蛇

離

十九二十　小有悔

坤

戊寅運中分美惡　吉凶原自卦中求
上五年逆水下綱　下五年順浪行舟

兌

夢兆虺蛇喜放懷　好花應候自然開
若問女命何時降　母年二十一歲來

離之艮　鷩

離之艮　開

戊寅交來卦中求　人行敗運許多愁

乾　初入寶山雲蔽眼　纔上蘭舟風打頭

坎　進股長短不相齊　一步高來一步低

八仙好比鐵李拐　今生最怕路塗泥

艮　春日融和又開花　熊羆入夢兆最佳

妻年交至二十五　麟兒天賜振君家

震　十九二十无咎

巽

牡丹花放滿園紅　子規鳴叫萬景清
生長四月二十五　靈胎落地見母親

離

韶光荏苒催人老　春花落盡只留枝
八十三歲归陰府　逝者如斯不可期

坤

乙日午時定可嘉　榮華富貴權君家
腰金衣紫君王寵　撫字觀風閭里誇

兌

大運交至戊戌中　水過山間勢漸平
雖無喜慶從天降　亦必災殃到門庭

離之艮　開

鼎

後天離之巽

乾坎艮震

離之巽　休

運交甲戌數欠通　多步猶疑在腹中
有話不到當場講　無言終日暗傷身
風楊擺柳樹梢鳴　枝頭結菓顯青紅
妻年交至三十七　生得兒郎長成丁
八字清秀祿馬奇　命中主貴定無移
食粟皇朝名譽美　外簾六品坐同知

三十五六貞吉

巽　離　坤　兌

柳綠桃紅天氣清　蠶桑枝上子規鳴
生辰已定二月內　上旬初四降其身
二十二一流年凶　必有災禍到門庭
花嫩初開逢暴雨　海舟纔驚起狂風
卦裏推查父母宮　一爻晦兮一爻明
嚴君之命天一水　慈母定在虎年中
大運乍交丙午中　日在東隅明始生
且自善養浩然氣　莫走岐途錯用工

離之巽　休

乾 坎 艮 震

離之巽 生

鴛鴦相會在池塘　秦晉結好世無雙

妻宮屬虎甲寅相　大溪水命是姻緣

乾坤位上一爻衰　屬虎嚴君赴陰台

孀母註定是狗相　孤燈獨伴淚盈腮

全憑陰騭生慈念　終久麒麟入夢來

七十三歲紅鸞照　產育佳兒執掌財

二十一二流年遇　定有喜事到門庭

任意栽花花滿室　隨心插柳柳成林

巽

鴻雁高飛過長江　崑玉八元比數芳
內中主定有一貴　登上仕路躍門墻

離

運交丙午財不虛　勸君不必費心機
堅金美玉柔榆景　自有高人為品題

坤

寬袍大袖非不愛　破頂帽子脫底鞋
風寒冷熱全受盡　作苦便是保生涯

兌

甲戌運交正及時　財源滾滾慶有餘
秋至百穀登場圃　春來萬物長新枝

離之巽　生

乾　坎　艮　震

離之巽　傷

有个小人大無情，朝思暮算害你身。
勸君且息三分火，緊防暗箭禍不生。
日躍大火鴻雁來，草木黄、落菊花開。
閏九月當初四日，你命一定下天台。
後天查對雙親命，有寿慈母是属龍。
匹配嚴君是属虎，黄泉已入渺無踪。
大運丙午莫可誇，是非臨門亂如麻。
月當正午逢雲蔽，官詞口舌多有他。

巽離坤兌

手使剛椎一兩把　口咬猪鬃左右縫
大小肥瘦齊做定　賣與人間足上登
甲戌運中福祿全　倉積粮粟櫃積錢
良田百頃非無本　家計三千幸有緣
風吹雲散露碧天　花開結菓在晚年
若問你命何時立　父交七十三歲完
月老錯配姻緣簿　定是抱琴換朱絃
一位佳人難伴老　再娶屬虎是姻緣

離之巽　傷

離之巽　杜

棠棣花開葉幾層　弟兄四个一娘生
次序之中居何位　排來係是第三名

乾　坎　艮　震

脫穎而出

陣陣朔風透體寒　日次兄枵雁北翔
生長已定十二月　上旬初九下九天
風吹花落結菓難　枝頭怎得隊青黃
長男若立屬狗相　一生一子不成雙

巽 離 坤 兑

文運交來至戊寅　正似遊魚入水中
風息浪靜無險阻　順逆上下任浮沉
移金換玉調琴瑟　尅過妻宮馬歲生
後續一位屬虎者　百年相守永不刑
乾坤二文旺而隆　父虎母狗不相刑
清風明月良宵永　登上壽域笑欣欣
月老繫足纏不牢　四位佳人赴陰曹
五房相配屬馬命　百年相守壽源高

離之巽　杜

離之巽　景

乾　坎　艮　震

椿萱堂上定年庚　父命屬虎母屬龍
若問今生壽長短　可比南山四皓翁
五百年前結下緣　兩地鴛鴦一地眠
若問女命配何相　夫君屬虎壽祿全

暗地竹竿

堪嘆洞房花燭夜　奈何緣淺不堅牢
尅過妻宮屬鼠相　再娶屬虎壽源高

巽 離 坤 兌

大運午火顯英豪　清廉惠愛度超超
龔遂善政為民用　官行漸漸指日高
若問洞房終久事　奈何緣淺不堅牢
尅去佳人屬猪者　再娶屬馬樂滔滔
重陽已過到孟冬　日躔析木水始冰
靈胎满足降人世　正當十月初四日
鴻雁成群戲水邊　兄弟九人一排連
數中前定保居工　同父同母不同天

離之巽　景

乾 坎 艮 震

離之巽　死

蟄蟲坯户桂花香　秋風動處雁南翔
生你必在八月内　上旬初四到華堂
大運丙午官星强　爵禄悠悠指日長
善政及民人罕見　千載留名史策光
玉蕊花開珠翠香　姐妹三人不一娘
次序若問居何地　最是你小心倍强
鷗鷺經寒雨地分　鴛鴦折散再尋盟
室人屬蛇難伴老　續娶馬相永不刑

巽

甲戌運至卦中觀　凶吉原來不一般

上五年藍田種玉　下五年石上栽蓮

離

雙親之相同一宮　父爻吉兮母爻凶

母氏屬狗歸泉下　父亦屬狗在堂存

坤　三十五六悔

兌

吉凶原在卦中分　雙親位上細推尋

父親屬虎寅年降　母氏屬狗戌歲生

離之巽　死

乾　坎　艮　震

離之巽　驚

三十五六動凶

甲戌運交不同科　本主相尅欠平和
上五年途涉險處　下五年路轉平坡
君家不必費遲疑　功名遲早應有時
流年交至三十一　脫去白衣換藍衣
雙親位上兩相冲　尅去母親是屬龍
留下老父屬狗相　在堂獨自享遐齡

巽離坤兌

巳日寅時貴無窮　三奇拱照萬人欽
九棘三槐展大步　龍樓鳳閣集其名
八字排定論五行　吉凶原在卦中分
試問嚴慈是何相　父命屬虎母屬龍
夢兆虺蛇小喜來　鮮花一朵下瑶台
若問女命何時降　四十一歲父生胎
芙蓉出水映日紅　大輪懸卦盼薰風
歸根落葉降人世　正當六月初四申

離之巽　驚

乾坎艮震

離之巽 閒

清風明月良宵永　枕上時聞杜宇聲
六十七歲該回首　一夢南柯入土墟
甲日寅時顯大才　崢嶸頭角實奇哉
過主多緣上玉闕　逢橋有路入天台
甲戌運中事多端　崎嶇危難在裡邊
事若孤舟橫渡口　財如明月隱雲端
嶺上梅花白似銀　朔風凜凜透窗櫺
閏十月當十五日　脫離脫兀見母親

巽

離

坤

兑　三十五六吝

壁上不掛陳蕃榻　存得孟嘗一片心

修房起舍非為巳　廣歎南來北往人

桃花開罷李花香　杜宇枝頭鬧幾番

若問你命何時立　四月初四降人間

大運交至丙午中　吉凶禍福卦中分

孤舟入海悠悠轉　無風浪達大江心

離之巽　開

未濟

後天離之坎

離之坎　　休

乾

卦爻查對父母宮　父象晦兮母爻真
椿庭推就天一水　萱堂却在狗年生

坎

東風解凍正月天　上元佳節鬧聲喧
十五望日靈胎降　一柱明香謝老天

艮

三春未得及時雨　花開結果在晚年
佳人年交九个五　生子傳家寿命堅

震

三十六七數不通　災禍紛紛來及身
雪裏栽花根難長　良馬怎當路不平

巽離坤兌

五十二 貞吉

運行乍交至戊寅　春天楊柳漸生新
直待夏秋枝葉長　何患遍地不成陰
青春年少喜無邊　自有紅鸞照命先
流年纔交十七歲　弄璋之喜到堂前
大運丙午不為高　隄防笑裏暗藏刀
旱天斷了堦前草　鹵地難生五穀苗

離之坎　休

離之坎　生

乾　父親尚且在兒童　十七歲遇紅鸞星
應了夜問熊羆夢　生你傳家百福增

坎　高飛鴻雁過長江　折了羽翼叫聲忙
兄弟宮中人五个　內中有一帶破郎

艮　進親父相兩相同　一主吉來一主凶
慈母屬狗悠悠寿　父亦屬狗入土中

震　大運交來至戊寅　蜘蛛密網已結成
從今坐享飛來利　何必拮据受苦辛

巽

運交丙午大出奇　必有好事遂心機

人生遇此十年景　錦上添花慶有餘

離

三十七八吉星臨　篤毋入海遇順風

作事順利精神長　名利二字俱乘心

坤

兑

姻緣本是天配成　卦爻之内查對明

妻宮屬狗甲戌相　定是山頭火命人

離之坎　生

離之坎　傷

乾　坎　艮　震

刑冲破害八字逢　三週五歲該归陰
若是長到偏房內　纔得成立繼祖宗
桂花香飄味更幽　旋看群鳥來養羞
生你正當閏八月　中旬十五下南樓
丙午運中吉卦逢　財源滾滾到門庭
大鵬展開冲天翅　一日飛騰九萬程

巽

運交戊寅不可誇　口舌是非亂如麻
丟財惹氣心頭悶　必有官事及君家

離

一對鴛鴦戲水濱　狂風吹散兩地鳴
佳人定要尅个下一上　再娶生在狗年中

坤

雙親位上兩相冲　母爻旺兮父爻凶
屬狗嚴君泉下去　萱堂有壽是屬龍

兌

花開棠棣滿堂紅　兄弟宮中只兩丁
此造主定為兄長　同父同母不同心

離之坎　傷

離之坎　杜

乾
父母爻象皆健旺　算來均在狗年中
壽源直可齊松栢　天賜五福白頭翁

坎
戊戌運交女命良　閨門之內喜洋洋
馬逢草地不缺食　魚到江湖出氣長

艮
源頭活水

震
妻宮錯配主尅刑　屬馬之婦去歸陰
重婚必是屬狗命　方保偕老到百春

巽

種值蟠桃缺了雨　落盡虛花樹頭空
前世因果今生報　天賜孫兒屬馬人

離

高飛鴻雁過衡陽　兄弟五人不成雙
數中惟有你最小　生來却是一个娘

坤

隆冬數九雪紛紛　朔風吹動聽鴉鳴
生辰主定十一月　十五靈胎落地中

兑

紫荊花放滿堂紅　手足一定有三人
后天斷來共一母　一上一下你居中

離之坎　杜

離之坎　　景

乾

菊花開放滿籬黃　季秋節已過重陽
若問君身何時降　九月十五産華堂

坎

大運交來寅木中　心似白玉性如冰
廉而不劌聲名美　直與羊枯並駕行

艮

五行命理先賢留　姻緣簿上仔細求
夫男配定屬狗相　不冲不犯到白頭

震

雙親位上母爻凶　命是屬馬入土中
虎爻獨旺高堂上　壽比南山四皓翁

巽

鳳鸞交接是前緣　妻配屬鼠到黃泉
重婚再配屬狗相　方保相守到百年

離

后天卦上斷得清　手足本是天排成
兄弟五人身居五　富貴窮通各不同

坤

子玉遇先軫

兌

二親宮中定得明　父命屬狗母屬龍
青山綠水依然在　永遠相守百年春

離之坎　景

離之坎　　死

乾　坎　艮　震

五十一二悔

丙午運交坎卦觀　吉凶主定不一般

上五年花園排宴　下五年筋下空盤

運交戊寅大亨通　為民父母沐君恩

用功担石山開路　河內淘淡遇黃金

母命原來是屬猪　音容欲見杳然無

高堂留下屬馬父　寿比南山迴不殊

巽

后天定就毋命凶　已到陰府見閻君

老父屬虎天增寿　尅去萱堂屬鼠人

離

離卦之內仔細尋　雙親之象同一宮

后天斷就無錯謬　算來皆在狗年生

坤

梨花朵朵粉粧成　姐妹宮中有八人

內中惟有你最小　不是生身一母親

兌

玉蕊花開白似銀　節交處暑禾乃登

生辰七月十五日　父母堂前長芙蓉

離之坎　死

離之坎　驚

虺蛇入夢不生男
鮮花一朵庭前秀

乾

巳日戌時帶貴星

坎

食祿千鍾人爭羨

艮

丙午運交定吉凶
上五年天昏地暗

震

進親位上兩相沖
是父下上沖辰命屬狗

父交四十九歲間
滿門吉慶報小祥
鶴立雞群超萬民
豈借文章把身榮
前后否泰兩不同
下五年月朗風清
震卦之內卜吉凶
母氏沖戌命屬龍

巽

準親之相一爻凶　慈母屬蛇去归陰

嚴父寿比南山遠　可喜庚相屬馬人

離

聽來反舌已無聲　斗柄輪迴建午宮

生辰必在五月內　一十五日降堂中

坤

莫怪文通運不通　時來自有好事逢

流年交至三十九　採芹一定入黌門

兌　五十一二動凶

離之坎　驚

离之坎　開

乾

運行交來至庚寅　十年之内似水平
雖然無有喜慶事　却有災殃來自侵

坎

前世燒下神前香　蘭房匹配好鴛鴦
佳人年方一十七　居然生子繼家緣

艮

甲日戍時迴異常　今生主定姓名揚
世食天祿人欽仰　腰金衣紫伴君王

震

桃紅柳綠正春天　子規在樹鬧聲喧
三月正當十五日　靈胎落地二親歡

巽

朔風吹動一陽生　瑞雪飄飄洒半空

生長主閏十一月　二十五日降庭中

離

五十一二吝

坤

丙午運交大不通　災殃禍患頻頻生

古鏡不磨光盡掩　龍居淺水被蟆浸

兌

几度光陰幾度春　人生在世似浮雲

大限直到七十五　黃粱一夢去歸陰

離之坎　開

蒙

後天艮之坎

艮之坎　休

乾坎艮震

超遇官渡

比目魚遭猛浪分　室人屬牛命歸陰
重婚必是屬虎相　方是百年偕老人
大運午火最為良　一輪明月照中堂
仁心仁聞民沾澤　陞遷爵祿沐君光
後天斷就昆玉宮　雁行排定有九名
上二兄來下六弟　又是一母降生身

巽

後天斷定母爻衰　命是屬馬赴陰台
老父與母同一相　壽源高邁似古槐

離

雙親之相卦內評　母親生在蛇年中
老父原在虎年降　雙雙有壽似古松

坤

一對鴛鴦兩地分　尅去屬虎好郎君
矢志不改生前節　獨守孤孀淚自生

兌

嶺上梅花纔放開　十月初五離母胎
光陰似箭催人老　晚景榮華自天來

艮之坎　休

艮之坎　　生

乾坎艮震

蝴蝶對對穿花去　姮娥冉冉下天台
姐妹四人你居長　不是一母生得求
雙親之命兩相冲　父在世兮母歸陰
父命健旺馬年降　母又衰敗鼠歲生
丙戌運至問如何　火土相生不見和
上五年災殃實多　下五年禍患實多
雙親年命兩相殊　後天卦上卜真庭
若問二人何庚相　父親屬虎母屬豬

巽 母氏屬豬壽不長 未到百年入土間

離 老父他是屬狗相 松柏惟每傲嚴霜

坤 金風一陣桂花香 鴻雁南旋陣陣壯

兌 生長八月初五日 靈胎落地見親娘

大運戊午官星鮮 財祿盈門五福臻

爲艮父母多奇政 皇恩憂（優）、被有遷

五十九六十悔

艮之坎 生

艮之坎 傷

乾坎艮震

工夫用盡志能強 何怕山高與路長
算君入泮不得早 定要交至四十三
母氏生在蛇年間 亥水來沖命不長
父爻健旺潘延壽 屬狗之相兩無防
庚日戊寅時上清 今生必到仕途中
豈借文章誇學貫 食高養良厚去臨民
斗柄輪迴建未宮 應節腐草已為螢
六月上旬初五日 脫出靈胎見母親

巽

雙親之命卦中尋　后天斷定理最真

父在虎歲生身體　母氏降在蛇年中

離　五十九六十動凶

坤

運交丙戌有雨端　否泰原來不一般

上五年海底撈月　下五年濟渡遇船

兌

兌爻發動是少陰　定見應蛇入夢中

母年正交十七歲　房中吉產女佳人

艮之坎　傷

艮之坎　　杜

乾　坎　艮　震

運交丙戌事多差　烈風猛雨打殘花
凡事不利皆阻滯　官幹私為俱欠佳
五官四體與人同　靜坐終宵寂寞中
見人只是虛張口　欲說話兮萬不能
和風煖日萬物興　花開結菓滿樹紅
妻年方交二十一　洞房吉產好兒童

五十九六十客

巽 離 坤 兌

斗柄建己靡草死
四月上旬初五日
人生在世如春夢
大限交至七十九
乙日生在戊寅時
必到金階玉殿上
戊午運交定主凶
幸有吉星相解救

艮之坎　杜

日躔實沈王瓜生
父母堂前見你容
此造主定壽延長
悠悠蕩蕩赴天堂
此造主貴少人知
食祿享俸佩金魚
陰爻發動禍災生
危難不依甚安平

乾 坎 艮 震

艮之坎　景

雙親之相細推尋　母氏一定虎年生
惟有父爻居晦地　算來却是火命人
日躔降婁雷發聲　楊柳枝頭漸漸青
生辰二月初五日　堂上呱呱有哭聲
老樹雖云不結菓　齒幼那得見兒童
妻年六爻至四十九　犁牛在廚產麒麟
四十四五數不違　船到江心起大風
謀為顛倒紛紛亂　金銀財帛一塲空

巽　五十九六十貞吉

離

坤

兌

運行戊午未為通　紅日初升雲霧朦

直待辰巳陽氣盛　遍照千里萬物興

君交二十一歲間　熊羆入夢早流芳

此年生子重重喜　鮮花嫩柳逞奇香

運交丙戊最不祥　雲遮霧罩掩三光

若非去財去惹氣　還有災疾到身旁

艮之坎　景

乾坎艮震

艮之坎　死

陽爻發動卦內祥　熊羆入夢主弄璋
父年正交二十一　丹桂挺然立畫堂
伯仲叔季皆有偶　正似飛雁排成行
兄弟宮中人八个　其間必有石皮郎
母文吉会父文凶　父親屬虎入土中
留下母在高堂上　算來猪歲降生身
運交戊午花已謝　樹上結葉滿枝紅
從今安享豐亨利　何必勞勞苦費心

巽

四十五六流年通
問利求名百事成
花間有兩枝枝好
天上無雲日月明

離

丙戌大運最風流
正似順水去行舟
千里程途一日到
那有不遂掛心頭

坤

卦中之理細推尋
雙親堂上究原因
試問慈母何庚相
必在狗年降生身

兌

姻緣簿上仔細求
正似鴛鴦水上遊
佳人命是爐中火
屬虎生在寅年頭

艮之坎　死

乾　坎　艮　震

艮之坎　驚

卦中之里細審詳　父親生在狗年間
慈母定命無差錯　百歲光陰世實難
此命好似一把傘　刑妻剋子再娶晚
大風刮去傘頭兒　而今只落一把杆
鴻雁高飛望南旋　菊花開放在溪邊
閏九月當初五日　脫胎離母到堂前
大運丙戌命源通　也有利來也有名
將軍上陣得駿馬　舟子行船遇順風

巽

戊午運交災星纏　官詞口舌到門前
若不修省極力守　定主傷氣衰財源
錯配姻緣非等閑　鴛鴦一對兩分張

離

佳人主宅剋一个　再娶屬虎月重光
雙親命宅父屬虎　金被埋沒已入土

坤

母氏沖剋屬蛇相　定在高堂洒淚處
手足宮中品字形　算來皆是一母生

兌

上一兄來下一弟　胸襟各吐立門庭

艮之坎　驚

艮之坎 開

乾

雙親位上兩爻旺 父命屬虎母屬猪
壽源直可齊松柏 雨過天晴樹扶疏

坎

運交庚寅女運昌 滔滔祥瑞到庭堂
霜中作色花偏豔 雨後採蓮分外香

艮

安享太平

震

元配佳人是屬羊 豈知其命不能長
再娶沖申屬虎相 同衾共枕百年強

巽　離　坤　兌

園內花開風擺枝　搖擺不定結菓稀
天賜孤兒興後世　狗年生下始為奇
卦爻推算兄弟宮　排行之內有七人
上一兄來下五弟　同父同母不同心
荊風凜凜透窗櫺　水澤腹堅號季冬
若問你身何日降　腊月初五見母親
伯仲叔季排成行　手足主定一層娘
上二兄來下一弟　祿期各自振家緣

艮之坎　開

渙

後天巽之坎

巽之坎　休

心想發達步階梯　只緣文昌照命遲
幸是老陽能得位　四十一歲換藍衣

乾

母爻退落休囚位　命若屬蛇定歸陰

坎

猴父有寿樂晚景　撫養蘭桂長成林

艮

庚日生在子時中　前世榮華今世逢
雖然不登龍虎榜　也到朝廟奏奇功

震

郊外不聽反舌聲　悠悠日煖煌螂生
五月下旬二十五　你命一定下天宮

巽

后天卦定變親相　慈母冲亥蛇年生
巽卦之内尋對耦　老父合丑屬鼠人

離

五十五六動凶

坤

大運交臨至丙申　卦中否泰兩不同
丙字内密雲不雨　申字裡得了甘霖

兑

三春桃李應候開　陰爻盛兮陽爻衰
毋年纔交三个五　女命一定下瑶台

巽之坎　休

乾坎艮震

巽之坎　生

運交丙申久亨通
破財惹患心頭悶
三煞重重照命宮
須要身邊有帶破
桃李逢春正交時
妻年正交一十九

震　五十五六吝

風地點燭久光明
不謹須防受憂驚
一週兩歲定归陰
方保安然長成丁
花開結實不須遲
洞房哝哝聽兒啼

巽

郊原雨足農夫喜　李白桃紅最可人
三月下旬二十五　你命逍遙下天宮

離

人生那有百年寿　七十七歲祿不全
好似秋風飄落葉　悠悠蕩蕩去西天

坤

乙日生在子時間　祿馬聯珠非等閑
爵高養厚朱子貴　去到朝中伴君王

兌

運行交至來下上戊辰　這幾年來却和平
無災無害安居泰　飢食渴飲似河清

巽之坎　生

巽之坎　傷

乾　西伯演就后天數　卦爻查對父母親
椿命推來却是犬　配合慈母鼠年生

坎　正值東風解凍時　準定親萱兆應熊羆
正月下旬二十五　却是君命降生期

艮　若問君命立子年　妻交四十七歲夭
不冲不破吉星照　福祿悠悠保全壽下上

震　四十一二流年凶　災殃屢妥屢到門庭
五勸君子宜緊守　潛防小人暗地侵

巽 五十五六貞吉

離坤兌

初爻戊辰運裡查　正似桃李綻開花
若要結實獲美果　功苦循環晝夜加
前世燒香今世榮　洞房匹配好夫人
青春年火一十九　生子傳家繼門庭
大運交來至丙申　十年之內凶煞臨
癸殃盡至時常苦　作事諸凡要小心

巽之坎　傷

巽之坎　　杜

若問君命何時生　父交一十九歲零
庚星拱照堂前立　志氣昂昂繼門庭

乾
兄弟宮中吾星照　不是今生是前生

坎
雁行排列三隻整　內中必有帶破人

艮
父親屬鼠卦斷清　已作黃泉路上人
留下孀母屬猪相　在堂獨自伴孤燈

震
戌辰運裡問如何　從今不必受奔波
萬事已竟安排就　烹羊炰鱉笑呵呵

巽　離　坤　兌

四十二下一上流年佳　春園有雨看奇花
問利求名俱大吉　頻頻喜氣不時加
運行交來至丙申　必有喜氣到門庭
財源滾滾如潮湧　些微小恙莫挂胸
卦爻之內問因由　慈母推來是屬猴
嚴君已定無差錯　人生百歲也難留
月老配合姻緣成　兩地鴛鴦一處跟
佳人屬氣如同會　澗下水命丙子人

巽之坎　杜

乾坎艮艮

巽之坎　景

椿親堂上細推求　父親原來是屬猴
慈母之命無錯謬　世上豈能百歲留
前世缺下神前香　生得兒郎半路亡
多虧祖宗陰德厚　却有今孫奉殘年
秋來鴻雁過衡陽　對對排列叫聲忙
生辰已定閏八月　二十五日降華堂
運交丙申最為高　盈門財利樂陶陶
好花開放看雨露　攫物鷹犬撲鼠猫

巽

運行走來至戌辰　定有災禍悄臨身
失財散物心不願　官詞纏繞受憂驚

離

欲彈琵琶忽斷弦　月老錯配好姻緣
室人定要赴一个　再娶屬鼠保命堅

坤

女親沖午鼠年生　西天一去不回程
留下老母孤單守　相是屬蛇壽如松

兌

后天斷定手足宮　一母同胞兩个人
次序排就你身小　各吐襟懷立門庭

巽之坎　景

巽之坎　死

乾
論命先查父母宮　后天卦上斷分明
父鼠母猪無移易　堂前俱在享遐齡

坎
女運庚子細推尋　金水相逢命源通
花開不遭冷雨打　舟行正是遇順風

艮
藍田種玉

震
佳人錯配是屬羊　不到頭時命先亡
重婚又是屬鼠相　交頸鴛鴦永在床

巽

風吹桃花枝葉火　只留一葉墜梢頭
子息宮中無對耦　天賜孤兒是屬猴

離

鴻雁高飛在當空　兄弟宮中有六丁
數中前定身居四　生來原是一母親

坤

日躔星紀是仲冬　斗柄輪迴建子宮
生辰原是十一月　二十五日降居身

兌

伯仲叔季無對耦　后天斷定整兩隻
手足四人出一母　你作領袖最先當

巽之坎　死

巽之坎　驚

籬邊菊花朵朵黃　遙看鴻雁過長江

乾

生長九月二十五　你命一定下天堂

大運交來至辰宮　金玉獻世價倍增

坎

羊祐善政君獨奏　頌聲載道沐君恩

女命生來實可傷　夫君屬鼠半途亡

艮

留你在世苦心守　衾寒枕冷受孤孀

震

母命冲子馬年生　去到黃泉路上尋

堂上老父寿高邁　他命原來是屬龍

巽

佳人主定寿不豐　若是屬牛定尅刑
再娶屬鼠為婦夫　方許偕老到百春

離

伯仲叔季皆有耦　兄弟八人一母生
若問次序居何位　下五弟兮上三兄

坤

麗涓遇馬陵道

兌

進親位上細推尋　母氏屬蛇寿如松
配合嚴君命屬鼠　年限高邁與母同

巽之坎　驚

巽之坎　開

乾　五十五六悔

坎
大運交來至丙申　大蓋頭兮尅頑金
丙字五年還爲可　一入申字欠安平

艮
大運交來至戊辰　濟世安民有遠聲
周召經綸人共愛　加增級職被君恩

震
母命推查是屬猪　音容欲覩杳然無
配合嚴君猴相得　獨於堂上享居諸

巽

母命屬鼠祿不增　已作黃泉路上人
老父得位主有寿　后天斷定就屬龍

離

西伯演就后天數　卦爻之內論雙親
父命合丑鼠年降　母氏冲已猪歲生

坤

海棠映日並頭開　姐妹二人下瑤台
后天斷定你身小　不是一母生的來

兑

玉簪花開滿院香　蟬聲不住嘆秋涼
七月下旬二十五　洞房之內見親娘

巽之坎　開

訟

後天乾之坎

乾之坎　休

乾坎艮震

雨地鴛鴦一處眠　初婚亦願共長年
豈知半路多遭難　夫婦分離不得全
蟄蟲坯户是仲秋　群鳥雙雙來養羞
生長已定閏八月　上旬初五下凡遊
丙辰運裡事亨通　春日花開漸漸成
出入求財皆吉利　家門康福自豐盈

巽

運行戊子數不高　口舌傷財心受焦
無端閑事從天降　苦受官災恨怎消

離

人受刑冲不自由　譬魚比目浪雙流
妻宮尅一從天定　再娶推來是屬猴

坤

坤卦推來父母宮　二親堂上主刑冲
父命屬猴先去世　母爲龍相壽如松

兌

兌卦之中定一爻　手足無依不算高
雖有兄弟亦要死　原來你是獨根苗

乾之坎　休

乾之坎　生

堂上雙親福壽均　原來狗歲母生身
父親註定屬猴相　萬年松柏有青心
女運行來到戊申　閨門安晏趁心情
壽面長對菱花鏡　無憂無慮福臻臻

乾 坎 艮 震

輕刀快馬

妻宮本是屬馬相　主定傷心壽不長
再娶屬猴為夫婦　晚景榮華家道祥

巽 離 坤 兌

卦文推算子息宮　丹桂一枝立你門
天賜孤兒傳後世　原來庚相是屬龍
同氣連枝一母生　骨肉原非陌路人
雁行排定人五个　有弟無兄頭一名
朔風凛凛仲冬天　雪花飄落滿山川
生辰十一月初五　堂前父母笑顏添
卦中之理細推詳　手足宮中仔細參
雁行一雙分次序　你身居二不虛傳

乾之坎　生

乾　坎　艮　震

乾之坎　傷

濛濛雨露竹竿青　淡淡陰雲罩日紅
雁行陣陣聲聲遠　正是九月初五生
運交子水最為强　健旺官星門戶光
清明患變人沾花　一輪紅日照中堂
試問姻緣天地間　同心帶結兩鴛鴦
繫足赤繩鸞鳳侶　夫君猴相寿延 辰 延
一爻健旺一爻凶　二親一位文安寧
母命屬馬先身喪　鼠父寿與松柏同

巽

人生在世不週全　多少崎嶇在裡邊
室人屬鼠難偕老　再娶猴相繼家緣

離

生成八字不虛言　兄弟一排六个建
數中算來你居五　各自持家過百年

坤

慶忌遇要離

兌

雙親位上定命宮　父兮猴相母兮龍
試問今生寿長短　歲寒松柏萬年青

乾之坎　傷

乾之坎　杜

乾　四十七八歲悔

大運交來至丙辰　美惡原來有不同

丙字內紅日東上　辰字中沙理埋金

大運戊子正發興　才堪濟世萬民欽

從令大展經綸志　功勞奇異受皇封

天地人元分五行　雙親位上寿難同

毋氏屬猪已入土　有福父命定為龍

坎

艮

震

巽

父母主定命不牢　男女宮中恨怎消
雙親庚相同屬鼠　母必先亡父壽高

離

后天之理細推求　離卦之內問因由
母親他是屬狗相　老父之命是屬猴

坤

桃花柳絮亂飛揚　姐妹七人不是雙
上有二姐下四妹　生身原是幾層娘

兌

夏盡秋來處暑交　金風送去月兒高
生辰七月為初五　父母堂前見一苗

乾之坎　杜

乾　坎　艮　震

乾之坎　景

丹桂枝頭杜宇鳴　喜看弄瓦到門庭

諸問女命何日降　父年四十七上生

己日壬申時上清　合主金階玉殿行

青雲獨步身榮顯　更有蘭芽與聖同

行運交來至丙辰　災殃必有把身侵

若到下（下）五年間看　陰雲退去月光明

卦爻之內推算真　天地人元分五行

變親位上何庚相　父是屬猴母屬龍

巽 離 坤

巽卦推算父母宮　二親位上有刑中
慈母蛇相先歸土　父命屬龍壽如松
翠竹青松各逞芳　月鉤斜掛在雲端
生辰五月初五日　辭離母腹降人間
三十七歲遇文昌　君家一定姓名揚
壽逰泮水攀丹桂　光宗耀祖換門墻

兑　四十七八動凶

乾之坎　景

乾坎艮震

乾之坎　死

運行戌子未為通　入海行舟起逆風
幸君素行多忍耐　危難之處轉安平
陽和已動花開早　天仙送子到人間
妻宮纔交一十五　房中便産一兒郎
甲日壬申時上逢　必是龍樓鳳門人
今世不借文章貴　姓名彰播奏奇功
桃紅柳綠正爭春　紫燕銜泥梁上鳴
生辰必在三月內　上旬初五降其身

巽

虹藏不見是仲冬　星紀交躔鷄不鳴

閏十一月當十五　靈胎落地母子分

離

四十七八歲吝

坤

運行丙辰不為奇　且莫妄行會心機

名利之事由天定　或早或晚應有時

兌

人生那有百年秋　大限臨頭不自由

七十三歲難逃躲　一夢南柯入土卯

乾之坎

死

乾坎艮

乾之坎　驚

運行丙辰不順情　是非相繞財難停
旱地蛟龍未得水　猛虎離山反怕人
綠水荷花映日紅　人間喜事到門庭
若問子宮何歲立　妻交四十三年零
春早花開結菓成　君年尚且在兒童
喜得十五生一子　滿門吉慶添笑容

震　四十七八歲貞吉

巽 離 坤 兑

東風解凍孟春臨　看得潭溪魚負冰
誕降元辰正月內　上旬初五到堂中
流年三二至三三　惡運一生這兩年
山路崎嶇狼虎至　行船水裡遇風天
卦中之理用意求　母親一定是屬猴
父一生數父命水　人似黃華縱菊秋
戊子運中細推查　正似春日始開花
到得三秋結成實　財祿盈門大起家

乾之坎　驚

乾　坎　艮　震

乾之坎　　開

花開正遇三春景　李白桃紅最可人

妻命該配泉中水　庚相屬猴定同盟

坎卦交臨父母宮　雙親位上有刑沖

父命屬猪母屬狗　父已亡去母自存

三十二四旺家門　財源滾滾到中〻庭

天從人願心機遂　坐看積玉又堆金

巽

天邊鴻雁望瀟湘　兄弟四人排成行
內中還主有帶破　各自持家耀門墻

離

運行戊子家業豐　名利雙全遂素心
安享福林高枕臥　桂花香發滿堂中

坤

碧桃丹桂及時開　五福同春天上來
父年方交十五歲　降生保命離母胎

兑

運行丙辰最為良　名成利就有風光
家道和合人喜旺　福自天來榮且昌

乾之坎　開

同人

後天乾之離

乾之離　休

乾

朝夕研求苦用功　也曾運至入黌門

只因身犯皇王法　明倫堂上去其名

坎

宗嗣遲早皆天定　庚相拱照降人間

女年正當五十五　一枝丹桂立中堂

艮

對對鴛鴦緣水邊　荷花青美出天然

妻宮屬鼠壬子相　桑柘木命配姻緣

震

日躔壽星鴻雁來　梧桐葉落桂花開

誕降本在閏八月　初三一定離母胎

巽

雙親之內有一刑，父是屬猴去陰宮。
留下屬虎生身母，在堂獨自伴孤燈。

離

此刻生人藝術工，終日兩手入水中。
請問做得何事業，青紅藍綠染皂精。

坤

壬申運中事多昌，逢凶化吉無災殃。
出入謀為多趣意，月到中秋分外光。

兌

甲子運中數不高，傷財喪氣口舌遭。
官事纏身何日了，也是自己命中招。

乾之離　休

乾之離　生

運行壬申財祿豐　百發百中趣心情

乾

浪息風消船自穩　雲收霧散月光明

進親之相卦中求　兩命原來同屬猴

坎

門戶安泰吉星照　水遠相守到白頭

艮

昆玉宮中吉耀臨　手足二人一女生

次序之間你身小　下無弟兮上一兄

震　五月榴花

巽

八字生時在命宮　日主榮華月主豐
仲冬原是十一月　初三生你晚景興

離

女運交臨至甲申　春前有雨好花紅
閨門並無不祥事　精神爽利百福增

坤

月老配得姻緣差　三位夫人卧黃沙
四房再配屬羅相　相歡相樂百年佳

兑

伊傳經綸腹內存　寬洪大度伴人君
一品當朝真富貴　陰陽變理定乾坤

乾之離　生

乾之離　傷

乾

后天數上卜休咎　妻宮屬狗不到頭
再娶屬鼠為夫婦　舉案齊眉到百秋

坎

天降雨露重陽景　菊花開放似金絲
雁過南樓秋已暮　正是九月初三時

艮

父親堂上是屬猴　慈母屬虎景悠悠
生產人隆傳世久　青山綠水永無休

震

鴛鴦戲水在中流　一對夫妻同屬猴
丹桂庭前同結子　白頭到老永無愁

巽　傷財痛心

大運交到子水中　正似明月照當空

離　恩惠及民真父母　聲名遠播四方聞

坤　此命手足實是繁　三才準偶耀門墻

一母生來四兄長　還有一弟列成行

兌　八字本是前生定　要好嗣續積陰功

長子立在猴年上　三个兒郎送身終

乾之離　傷

乾之離　杜

嫂親位上母屬雞　身入黃郊暗悲啼
父命原是屬龍相　寿原直與松柏齊

乾

坎　四十七八先否后喜

艮　寻建申宮秋景天　月鉤斜掛在簷前
生長七月初三日　洞房添喜二親歡

震　運交甲子祿重重　龍離滄海忽超空
職位陞遷各譽美　富貴榮華比石崇

巽

八字之內仔細尋　手足宮中推算清
姐妹七人身居長　原來不是一母生

離

大運交到辰土中　月被雲遮不顯明
官爵蹭蹬多拂意　暗地謀害要小心

坤

乾坤位上細推求　全要刻對與時救
進親不是別得相　坤宮查定皆屬猴

兌

五行生尅金勝下火上　姻緣相配定人倫
屬龍之婦難偕老　再娶屬鼠振家風

乾之離　杜

乾之離　景

乾

幾度光陰幾度秋　逆水原不易行舟
若問雙親何庚相　母是屬虎父屬猴

坎

父年二十三歲間　天然生你到塵凡
虺蛇入夢陰氣盛　果見靈胎不是男

艮

四十七八歲靜凶

震

財官暗合四柱中　此刻生人定超羣
四民之內你為首　俸供先師孔聖人

巽

甘羅十二即得意　你却比他大一年
考試遂心遊泮水　穿藍脱白錦袍鮮

離

運行壬申離卦詳　吉凶互見理多端
壬字運馬走平路　申字内虎到平川

坤

家懸艾虎慶端陽　生辰五月正初三
榴花開放紅似火　父母堂前添笑顏

兑

父母宮中父屬龍　定在陽世享遐齡
母氏冲酉是屬兔　去到陰府見閻君

乾之離　景

乾之離　　死

乾　坎　艮　震

綠柳依依趁曉風　月鉤斜掛在庭中
生長主定三月內　初三出世離母身
大運交到甲子間　水來尅火有災殃
辛有土星來制伏　危難消化却平安
命臨凶煞不堪言　樹到秋來葉不全
壽限交至六十一　一旦無常去西天
壬申運中不相宜　東來西去會心機
上五年風前點燭　下五年釜內烹魚

巽

功名遲早應有時　朝夕磨鍊費心機
君年交至二十九　得意洋洋入泮池

離

癸日壬子時超羣　鸞鳳歌舞貴星臨
運至必食千鍾粟　身衣朱紫拜君恩

坤

四十七八先喜后否

兌

日躔星紀是仲冬　水泉初動大雪臨
閏十一月十三日　沐浴胎泥見母親

乾之離　死

乾之離　鷲

乾　四十七八元吉

坎　艮　震

八字生來最怕金　西方受氣東方生

若要不缺衣共食　財利去向水中尋

運行乍交甲子間　正似良王在深山

幸過工師來琢出　價比連城世無雙

戊日子時貴無窮　必是龍樓鳳閣人

功名不待文章取　食祿高厚沐君恩

巽

運行交來至壬申　多番阻滯不遂心
蛟龍出水遭塗炭　虎豹離山被犬侵

離

石上芝蘭發異香　桃紅柳綠日初長
試問子宮何日降　妻年十九降蘭房

坤

三十三一流年低　災殃禍患總不離
吉凶盛衰皆由命　存心忍耐得便宜

兌

斗柄建寅正新春　月鈎斜掛在簾櫳
生長正月初三日　父母堂前添一丁

乾之離　驚

乾之離 開

乾

三十一二凡事宜　財祿豐盈人共知
命宮榮泰最吉利　人口興旺百福齊

坎

壬申運至悶懨懨　閑事傷財惹禍牽
凡事不利多阻滯　災危禍患不可言

艮

人生此刻合三奇　四柱刑冲官祿虛
名姓難登龍虎榜　運交丙子損納宜

震

帶雨桃花色更鮮　柳陰深處鳥聲喧
只因君家積德厚　五十五上生兒郎

巽

父母宮中仔細尋　慈母屬鼠在世存

天五生數父命土　乾坤之内定得明

離

二親俱是屬猴人　父命辭世去归陰

母命有寿樂晚景　看養蘭桂振家風

坤

運交甲子百事興　秋來萬寶告俱成

禾麻菽粟聚場圃　何愁倉庫不豐盈

兑

園中麗景遇陽和　花柳爭妍奈若何

生來三子天恩重　内有帶破定無訛

乾之離　開

坤

后天坤之坤

坤之坤 休 一

乾 女運癸未福臨門 好花開放朵朵紅
千江有水千江月 萬里無雲萬里明

坤 昆玉宮中仔細尋 排行定都九人
次序之內君居五 生身原是一世親

艮 八字帶來剋妻星 錯配屬猴命難存
再配佳人屬羊相 共枕同衾永不刑

震 嶺上梅花帶雪系 日躔行木虹始藏
生辰主定十月內 上旬初六到人間

巽

夫親位上仔細求　父命屬兔母屬牛

六合生路有壽　相歡相散到白頭

離

七煞本在命中存　無制無伏大是凶

犯了王法身難全　發配外地苦零丁

坤

嗣息宮中知多少　坤卦之內定得明

長男若是屬兔相　定有二子來送終

兌

晝日三接之象

坤之坤　休　二

坤之坤 生三

乾

運交亥水數逢空 官星不利主蹭蹬

玲級罰係還易小 又犯謝任受百憂驚

坎

雙親位上仔細詳 美甚分別勘文詢

后天定就無移易 父命屬兔母屬羊

艮

雙親位上母剋傷 后天斷定是屬羊

老父已定屬猪相 壽源直可比南山

震

能救人間困中困 善解一方窮裡窮

架工貨當化得物 利滿來送不去尋

巽

日躔過度是壽星　斗柄輪轉走西宮
生辰定就八月內　初六靈胎落地中

離

鑿山逢玉

坤

犯夬一對兩分張　屬虎佳人命不長
重婚再配屬羊相　是愛夫婦百歲強

兌

月老配錯好姻緣　夫君屬羊到黃泉
也是前生數已定　何必搥胷怨上天

坤〻坤　生　三

坤之坤　傷　三

乾　辛卯運交不一般　吉凶互異卦中詳
上五年枯苗得雨　下五年殘菊值霜

坎　日躍鶉火溫風至　藕出深泥長碧蓮
六月初六靈胎滿　鸞飛鳳舞下凡天

艮　黃河有水澗通濟　自古從今不斷流
試問人間親庚相　父是屬兔母屬猪

震　四十五六无大咎

巽 此刻生人定命宫　妻惟火土不相刑
若是水命多短折　金木又主缺子宫
離 梨花朵朵粉粧成　姐妹不是一娘生
排定宫中人六个　梅從禎祥弟魯
坤 進親位上母屬牛　黃泉路上不回頭
高堂幸有屬猪父　遐齡独享景悠悠
兑 大運辛亥官星高　男兒到此呈英豪
名利進全家業振　皇恩屢被樂滔滔
坤之坤 傷 乂

坤三坤　仕人

乾　辛日未時帶貴星　今生必作人上人
不借文章登仕路　高車駟馬耀鄉鄰

坎　命中帶貴永無憂　美玉藍田許你收
萬里鵬程終可到　外簾五品坐知州

艮　牡丹花放滿園紅　枝上時聞杜宇鳴
借問元辰是何日　正當四月初六生

震　堂前一朵花如錦　天仙送下女裙釵
若問女命何時降　丑年三十五歲來

巽四千五六小有壯

離 今生若問名利事　卦爻定就發達遲

花甲一週六年整　方能脫白換藍衣

坤 日躍行木是要冬　難入天水化為辰

生辰已定閏十月　十七離胎見世親

兌 辛外運中莫放懷　吉凶兩樣自天來

壬五年秋天草折　下五年春日花開

坤 之坤

杜 幺

坤之坤　景女

乾　風吹楊柳嫩枝搖　雨打連宵葉不牢
妻宮行年三十八　生子傳家壽命高

坎　四十五六元發

艮　生來最愛習文章　專待時來名姓揚
怎奈朱衣不照命　那能脫白換藍衫

震　運交夲亥卜吉凶　船到江心水勢平
無風無浪悠悠轉　海闊天寬任意行

巽 人生秉命在于天 壽夭長短是前緣

九十六歲難逃解 一旦五常到九泉

離 運交辛卯名利虛 花謝冬日不逢時

人到窮居時謀處去 泥途濡入步行遲

坤 元鳥至今雷發声 倉庚在野不時鳴

生辰二月初六日 脫卻靈胎見母親

兌 丙日未時福無窮 三奇拱照萬人欽

令生主定食天祿 腰金衣紫伴朝廷

坤之坤 景

上

坤之坤　天上

乾　凄親住在爻凶　若是屬兔定归陰
高堂今有那一个　只是屬羊老母親

坎　三十二三數多窮　哭破不少財落空
咬龍失水遭蝦侮　猛虎离山狼犬侵

艮　四十五六永貞吉

震　辛卯運及卦爻凶　名利途中莫問津
不是六合神相救　身幾陷入火坑中

巽 運交本亥事難成　勸君銳意苦用心
十年之內磨鍊就　管你人世負奇名

離 二親堂上細推尋　嚴父已定水命人
生身老母屬羊相　素質清如玉壺冰

坤 此命不在四民中　富貴復交落了空
出入行藏人不重　低聲下氣衆人輕

兌 人言有子須要（宜）早　我道有子不怕遲
行年交至三十八　方許結菓立根基

坤之坤 五上

坤之坤　蕭上

乾　季秋天氣近重陽　鴻雁南飛叫声忙
　　生辰已定閏九月　初六離胎見親娘

坎　大運辛亥併懷特　莫把精神任費馳
　　終久滿堂金玉盛　一條笻杖引孩兒

艮　三十二三流年遍　財利盈門趁你心
　　好花開放著細雨　枯木逢春又發榮

震　姻緣本是月老定　相逢今世配成雙
　　佳人已定天工次　己未年生是屬羊

巽

大運交至辛卯中　必有喜慶到門庭
上五年鑿山得玉　下五年掘地逢金

離

若問君命何時生　父交三十九歲中
夜間得了熊羆夢　丹桂庭前瑞氣生

坤

兌

青山依舊水東流　父命屬兔母屬牛
嚴父已歸泉下客　萱堂壽遠景悠悠

坤之坤　驚

七

坤之坤　閑文

乾
母今鞠我情何深　撇你在世他归陰
看來堂上有一位　原來是个后母親

坎
大運交至辛卯中　人逢好景長精神
工五年枯苗得雨　下五年旱草話霖

艮
運交辛酉多凶　必有官詞到門庭
財源易散難積聚　諸作事要緊留心

震
棠棣花開葉最豐　手足宮中有四人
次序排定你身小　生來原是一母親

巽 若要妻宮同到老
二位佳人存不住
離 東風吹動百花香
二人主定皆有寿
坤 八字清貴主超群
請問君居何職位
兌 日躔元枵雁北鄉
生辰主定十二月
坤之坤 閏夕

直須鐵帚對銅盆
三房永遠屬羊人
父命屬兔母屬羊
松柏梅花耐歲寒
食祿雖微萬人欽
身居主簿有遷陞
水澤腹堅遍體寒
上旬初六見親娘

復

後天坤之震

坤之震 休

乾 坎 艮 震

荊紫花發滿堂紅 手足宮中一母生

此命原來下無弟 上面却有兩位兄

錫馬蓄庶

雪花飄落正隆冬 日躔星紀鵙不鳴

生辰原是十一月 一十九日降庭中

嗣息本在命中藏 卦文之內仔細詳

后天斷定難移改 天賜孤兒是屬羊

巽離坤兌

女運丁亥百事祥　門闌吉慶喜洋洋
喜面常對菱花照　春風和氣滿庭香
陰陽合德卦爻間　丹桂庭前瑞氣長
一腹雙生人兩个　一是閨女一為男
雙親位上慶有餘　父命屬猪母屬雞
二人寿源比松柏　滿堂花柳聽鶯啼
花開花謝幾聞香　月下鴛鴦不久長
室人一連尅四个　再配屬兔百年强

坤之震　休

坤之震　生

乾坤合德泰而昌　雙親壽可比南山

父是屬猪母屬兔　福祿悠悠安且康

卦爻斷定理不殊　坎陷之內卜真途

女命今生配何相　夫君一定是屬猪

乾

坎

艮　謹避惡人

震

震卦之內問原因　子息宮中定得清

長男若立屬猪相　三鳳齊鳴耀鯉庭

巽

運交卯木主發榮　天從人願吏聲清
為民善布龔黃政　爵級加增受誥封

離

鴻雁雲邊多斷續　鴛鴦兩打兩分離
佳人猪相歸陰去　再娶屬兎永相宜

坤

重陽已過雁南翔　看得籬邊菊綻黃
生辰已定九月内　中旬十九降人間

兌

雁過天空排作群　手足宮中一母生
次序排定六七个　有兄無弟你居終

坤之震　生

坤之震　傷

日躔鶉尾玉醬香　蟬聲不住換秋涼
生辰已定七月内　十九日定見親娘

乾

大運丁卯最興隆　卓異聲名播帝京

坎

致澤君民酬夙願　殿陛之上奏奇功
海棠花放葉層層　姐妹不是一娘生

艮

次序排定人九个　算來你是第五名
交頸鴛鴦兩地分　佳人蛇相命归陰

震

再娶屬兔為夫婦　百年相守永不刑

巽 乙未運中仔細詳　吉凶爻象有多般
上五年芙蓉得露　下五年楊柳經霜

離 進親位上父屬羊　今生已定壽源長
配就老母屬狗相　去到黃泉不返鄉

坤 二十九三十悔

兌 伏羲畫卦理不虛　吉凶報與人間知
試問進親是何相　父是屬猪母屬雞

坤之震　傷

坤之震　杜

二十九三十動凶

乾　乙未運交美惡殊　卦爻斷定是真途

坎　上五年破舟載寶　下五年金柜藏珠

艮　文章精巧奪天工　誦讀詩書不負人
流年交至二十八　定然入泮到黌門

震　父母宮中母屬龍　已入黃郊一土中
留下老父屬羊相　撫養蘭桂長成林

巽

此刻生人心性靈　憑他手藝養其身
青紅藍綠雜樣紙　做成貨物賣與人

離

卦爻推算問真途　后天位上定乘除
豫卜椿萱何庚相　母親屬兔父屬豬

坤

女命何時降凡塵　父交三十八歲中
也是前生恩愛好　碧桃花下縱芙蓉

兑

日躔鶉首蜩始鳴　郊外反舌已無聲
生辰已定五月內　中旬十九見母親

坤之震　杜

坤之震　景

桃源有路不知遠　祿馬絶食數逢空

秋后衰草飄黃葉　六十四歲一夢中

乾　坎　艮　震

心雄胆大機謀深　敢為敢作敢當承

荊棘叢中曾下脚　虎狼隊裡不傷身

乙未運中受熬煎　必有災殃把身纏

性硬雪霜曾拆挫　心堅危難來縈牽

朔風吹雪陣陣寒　日纏壘星紀動水泉

生辰主閏十一月　一十九日定胎元

巽 命帶貪窮創業難　一身不閑兩脚忙
請問此人做何事　掌得鞭子遊四方

離 日纏大梁萍始生　楊柳枝頭杜宇吟
生辰三月是十九　脫離靈胎見母親

坤 運交丁卯數中求　十年之內景悠悠
不凶不吉平為福　小善不須掛心中

兌 二十九三十各

坤之震　景

坤之震　死

乾

運行丁卯問前程　譬如為山平地中

勸君須要努些力　好出泥途顯大名

坎

八字之中帶貴星　兵刑錢穀掌分明

外廉七品官名重　知縣之身管萬民

艮

虛花好看實難成　佳木無枝總是空

不如立意取小婦　洞房終久産麒麟

震

草木萌動魚負冰　三陽開泰是孟春

正月十九降人世　雙親堂上添笑容

巽　子宮遲早是前緣　庚相人間拱照天
佳人年交三十四　洞房之內產名賢

離　二十九三十　貞吉

坤　乙未運中最可傷　災殃禍患有多般
寶玉山間失翠色　明珠海底隱寒光

兌　六十六一凶星纏　鵾鵾飛吁在庭前
種種危疑頭上至　滔滔災禍又身邊

坤之震　死

坤之震　驚

乾　坎　艮　震

乙未運中百事興　名利兩途可趁心
旱苗得雨勃然旺　枯木逢春又發榮
老蚌生珠休怨晚　蟠桃結菓莫嫌遲
行年交至七十七　方得兔郎作福基
不會讀來不會耕　錢財每日見幾文
請問此會做何事　全憑手藝養其身
丹桂庭前瑞氣生　森森五子耀門庭
內中有一超凡士　定要登在仕途中

巽 離 坤 兌

雙親位上定吉凶　父命屬猪已歸陰
老母屬雞天增寿　堂前獨自伴孤燈
六十一二百事全　福履悠悠甚寬
平常筵上排玉碗　草堂之下掛珠簾
鄉關萬里路超超　不惜辛勤走幾遭
誰識財源盈白首　悠悠家業比天高
大運丁卯數多豐　移金換玉似冰清
鑿石穿泉通巨海　老年榮顯慰平生

坤之震　驚

坤之震　開

乾

命中主定官星強　沖破正路科甲難
運交亥字主捐納　鄉黨州里慶中堂

坎

父爻受沖命不牢　屬猪之相赴陰曹
配就慈母屬兔者　衾寒枕冷恨難消

艮

花開雨打枝頭損　菓結風吹子不牢
父年交至七十歲　方得見你作根苗

震

難哉此命多辛苦　憑得手業掙錢鈔
人家有此二破壞物　善為修補藝兒高

巽

桂花紅退菊花黃　鴻雁南飛只向陽
生辰主定閏八月　靈胎十九到人間

離

大運丁卯不為高　定有官詞口舌招
惹氣丢財生懊惱　從天定數不能逃

坤

心靈性巧百能成　不受塵埃半點欽
五湖四海皆朋友　仗義輸財衆士欽

兌

乙未運中百事興　人逢喜事倍精神
馬出泥途行又快　長空雲散月光明

坤之震　開

臨

後天坤之兌

坤之兑 休

運交癸未百事祥 財源滚滚到门堂

乾

浮雲退淨明月顯 時來朽鐵亦生光

雙親位上景悠悠 父命屬羊母屬猴

坎

今生主定皆有壽 相欽相敬到白頭

艮

昆玉宮中仔細參 雁行排定正一雙

次序推就你身小 生你原來是同娘

震 初夏牡丹

巽 離 坤 兑

季冬天氣雪紛紛　松栢梅花獨見青
生辰腊月二十七　沐浴胎泥見母親
女運行交乙未中　精神爽利福豐隆
好花千朵開雨後　日當正午又無雲
鴛鴦对对浴池塘　拆散一番又一番
佳人已是魁二个　再娶猪相壽能長
富貴榮華命內逢　不借文章汗馬功
帝王與你作兄弟　食祿豐厚福無窮

坤之兑　休

坤之兑　生

乾　坎　艮　震

並翅鴛鴦兩處離　妻宮剋過字為雞
重婚再配屬豬相　交頸同眠永處宜
朔風吹動雪花飄　月鈎斜掛在梅梢
生辰主定十月內　二十七日下九霄
雙親俱上仔細詳　母氏屬虎父屬羊
二人主定皆有壽　松柏同榮百歲強
赤繩繫定兩鴛鴦　夫婦宮中仔細參
陰陽壽過同一位　男女原來俱屬羊

巽 錢去如水

秉性正直無私曲 心雄胆大不讓人

離 若是拂了張飛意 那怕曹家百萬兵

棠棣花[redacted]開枝葉繁 手足宮中六个郎

坤 上二兄來下三弟 前定一父又一娘

兌 嗣息原來命中藏 天定長子是屬羊

鳳凰振羽梧桐下 你命原來三个郎

坤之兌 生

坤之兑 傷
雙親位上一爻虚 尅去母親是屬雞
老父屬虎添延壽 爻内分明報你知

乾 四十五六先否後喜

坎 特當仲秋桂花興 看得鴻雁又南翔

艮 生辰已定八月内 二十七日到中堂

震 姻緣錯配好悽愴 夫君猪相命不長
中途拆散鴛鴦对 留你進退俱是難

巽

伯仲叔分成三耦　姐妹六人不一娘
次序之中你為長　天賜瓊花到凡間

離

運交卯木不風流　駁雜官星散復憂
月到中天雲被掩　船臨江口浪悠悠

坤

卦爻本是先賢留　排定八字數中求
試問人間親庚相　父命屬羊母屬猴

兑

一对鴛鴦水上遊　妻宮屬兔世難留
重婚再配屬猪相　相欽相敬到白頭

坤之兑　傷

坤之兑　杜

乾

妙理原在卦中藏　八字排定論陰陽

試問人間親庚相　母氏屬虎父屬羊

坎

女命何時降下凡　卦爻之內細推詳

父年正交二十二　一枝丹桂降中堂

艮

四十五六靜　凶

震

硯田自古無惡歲　此刻生人會舌耕

秉性不為商賈事　只識先師孔聖人

巽

桃李花開滿樹紅　姐妹行中有九人
次序排你定身小　生來不是一母親

離

癸未運至吉凶泰　爻象原來不一般
上五年金雞上架　下五年丹鳳離山

坤

荷花出水映日紅　斗柄輪迴建未宮
生辰已定六月內　二十七日見母親

兌

父母雖然同一宮　原來否泰兩相分
嚴君屬兔松柏壽　慈母屬兔入土中

坤之兌　杜

乾坎艮震

坤之兑　景

首夏清和螻蟈鳴　日躔過度是賓沈
生辰已定四月内　二十七日下天宮
随蛇入夢喜來臨　弄瓦應知到你們
母年正當五十歲　房中吉慶女佳人
壽夭長短是前緣　日落西山天外邊
借問今生數多少　花甲剩過六十年
大運交臨癸未間　卦中否泰不同看
上五年空盤下筋　下五年竟凡廩收類

巽

巽卦之內主文明　此刻生人格局清

二十八歲身遊泮　光前裕後耀門庭

離

壬日亥時福無窮　高山壽常几萬層

雖然不借文章重　也到朝中伴明君

坤　四十五六先喜後否

朔風凜凜正隆冬　雪花飄落滿乾坤

兌

生辰主閏十一月　上旬初八下天宮

坤之兌　景

坤之兌　死

乾　四十五六元吉

坎　世上空有百家藝　沾體塗足是營生
借問衣食何處覓　君其歷了問水濱

艮　松柏本是耐寒性　今生主定壽元延
一百又加一十二　黃粱一夢上西天

震　丁日亥時貴氣生　不登金榜大崢嶸
今生定食皇王祿　殿陛之上奏奇功

巽　運交癸未多主凶　丢財惹氣有憂驚
龍入淺水非常計　虎出山林被犬傷

離　子息本在命中排　人生難得强求來
妻年方交十八歲　月中丹桂一枝開

坤　行年二十八歲間　災殃禍患緊相纏
幾番不遂心頭悶　凶多吉少欠平安

兑　楊柳枝頭正發青　郊原時聽子規吟
生辰主定二月內　二十七月下天宮

坤之兑　死

坤之兑　驚

乾

八字后天定命宮　二九三十大亨通
出入求財多得意　些須閑事不為凶

坎

運交癸未多主凶　十年之內不趁心
人離財散亡家業　日出東方雲霧蒙

艮

此命四柱有刑冲　功名發達正途中
乙運捐納皇家職　前生定就莫別尋

震

人到秋后無變日　豈知枯楊又生梯
此命交臨五十四　房中定然生一兒

巽離坤兌

問君今世隻親命　卦爻之內定乘除
竹梅能耐三冬冷　父是金命母屬豬
雙親位上爻屬羊　已入黃泉不返鄉
留下孀母屬猴相　淚染衣襟袖不乾
大十四五命運低　人離財散主災迷
幸有六合神相救　禍能轉福自相宜
兌卦之算不尋常　子息宮中仔細詳
命中主定有兩个　還是一位帶破郎

坤之兌　驚

坤之兑　開

乾　坎　艮　震

流年六十四五間　定有喜事到中堂　中
財源去獲千百倍　果然時至鐵生光
姻緣簿上定得傳　鴛鴦相會碧池中
妻宮本該屬猪相　辛亥年生叙釧金
大運行至癸未中　家門康泰喜氣生
作事求謀百意遂　人逢美景倍精神
父母宮中一爻晦　嚴君屬羊去[illegible]陰　归
留下老母是屬虎　堂前獨自伴孤燈

巽

老樹開花色更紅　庭前丹桂瑞光生

父年交至五十四　作命定然立堂中

季秋天氣菊花紅　看得來賓鴻雁臨

離

生辰已定九月內　二十七日下凡塵

坤

此命也曾跳龍門　怎奈八字有刑冲

運值否限遭黜退　可惜舉子作白丁

兌

那曉詩書並五經　禾麻菽麥不關心

前生定就好手藝　今世此人會燒金

坤之兌　開

泰

後天坤之乾

乾　坎　艮　震

坤之乾　休

運交癸未數不佳　官詞口舌亂如麻
一生駁雜多顛險　勸君謹守永無差
紫荊花發滿樹紅　手足三人一母生
數中前定你身小　各吐胸襟耀門庭
可惜鴛鴦多驚恐　暗裡隄防折對飛
兩位佳人難伴老　再娶屬兔共羅幃
飄飄瑞雪滿乾坤　竹内梅花分外馨
生長主定十一月　二十七日下天宮

巽

進親位上仔細詳　父是屬猪母屬羊
二人已定皆有寿　松栢芳菲百歲强

離

巨魚縱大壑

坤

辛亥交來運最通　重重喜慶到門庭
登上長途逢驛馬　半路行時遇黃金

兑

並無官守司錢穀　那有言貴謝兵刑
文武生員都你管　論職原來是明倫

坤之乾　休

坤之乾　生

嗣息本是前生定　賢愚應自令世逢
長子屬猪先來報　二子傳家福寿同
進親堂上景悠悠　父是屬猪母屬牛
若問令生寿長短　松竹同榮百歲秋
八士之中缺李騧　手足七人實堪誇
並是同胞一母降　身居六位是一家

乾　坎　艮　震

案牘纏綿

巽
草木黃落菊滿庭　月將定纏大火星
借何元辰何日是　九月十七降凡塵

離
黃金得價

坤
雨打鴛鴦各自飛　妻宮位上主傷悲
屬雞佳人難伴老　再娶屬兔共羅幃

兌
無媒無妁不成婚　踰墻相從兩意濃
此種姻緣人賤惡　若不革斷恐傷身

坤之乾　生

乾 坎 艮 震

坤之乾　傷

鴛鴦方美忽飛驚　佳人屬兔命归陰
再娶又是屬兔相　方許永遠不相刑
鵲橋拆散過佳期　牛郎織女苦淒淒
借問君身何日降　七月十七定無疑
五行命理細推詳　洩盡天機無處藏
試問雙親何庚相　父命屬豬母屬羊

瘠馬逢草廠

巽　離　坤　兌

二十九三十先否後喜

月老錯配好姻緣　人生那得兩周全
夫居屬兔歸陰去　留你在世苦連連
進親位上母屬猴　未到百年入土卯
老父屬羊壽限遠　獨自鼓盆淚長流
運交未土官星衰　不順之事惱心懷
爵位蹭蹬多險阻　交退方得免憂驚

坤之乾　傷

坤之乾　杜

父母宮中母受冲　相是屬虎已归陰

留下老母屬羊命　在堂獨自享遐齡

二十九三十靜凶

乾

月將交躔鷄首星　聽來反舌已無聲

坎

若問你身何時降　五月十七下天宮

艮

梨花朵朵粉妝成　姐妹不是一娘生

震

同堂排就人四个　算來你在第三名

巽　離　坤　兑

六十一二无大咎

運交癸未百事昌　官星建旺禄馬强
廉而不貴聲名遠　爵職陞遷近君王
進親位上仔細求　父命猪屬母屬牛
后天推就無錯謬　韶光倏忽半白頭
辛亥運交定吉凶　卦爻之内兩不同
上五年蜂房結密　下五載蟻室生冰

坤之乾　杜

乾

坤之乾 景

日躔星紀一陽回 東風吹動嶺上梅

生辰主閏十一月 二十七日到羅幃

坎

六十二小有悔

艮

二十九三十先喜後否

震

功名遲早應有時 英年發達定無疑

纔交二十文星照 喜氣洋洋入泮池

巽離坤兌

女命何時下瑤台　台天位上好安排
毋年交至四十二　一朵鮮花應候開
大運交至辛亥中　吉凶禍福兩分明
上五年敗荷遇雨　下五年嫩柳逢春
日躔大梁萍始生　蠶桑枝下聽啼鶯
正當三月十七日　靈胎產落洞房中
壬日卯時非尋常　榮華富貴兩相當
高人汲引归仙關　金門待詔入朝班

坤之乾　景

坤之乾　　死

蟄蟲始振萬象新　斗柄輪回建寅宮

正月中旬十七日　靈胎落地見母親

乾

卜定君身有仙骨　松柏同榮有寿長

坎

归根落葉辭人世　直到一百零四年

艮

六十一二无咎

震

辛亥運中百事凶　群疑滿腹財難生

曾經弄巧番成拙　每向求安反見驚

巽

運行交至癸未中　這幾年來却也平

不登山石不獲利　不走險路不陷身

離

丁日卯時格局美　良驥呈材到天衢

四九年間成大業　腰金衣紫豈虛圖

坤

二十九三十元吉

兌

妻年交至四十六　熊羆入夢兆最佳

麟兒天賜人間火　多年枯木復開花

坤之乾　一死

乾 坎 艮 震

坤之乾　騎

看得彩鳳離山閣　君命主定紫衣郎
四子之中出一貴　丹桂有根門第光
運行初交癸未中　寒沙之內雜黃金
用功洗鍊如有日　得價自可比連城
四十八九欠平和　鴻飛失足陷網羅
皎月雲遮光自少　鸞鏡塵生暗處多
椿萱之命有一喪　卦爻推算理最真
母居卯位屬兔相　父親定就地四金

巽 離 坤 兌

辛亥運裡事臨頭　夏日逢霜田不收
無端禍患從天降　一場不測許多愁
柳老花殘子結遲　熊羆入夢主生兒
年甲交至四十六　洞房吩吩聽男啼

六十一二永貞吉

雙親位上一爻凶　父命屬猪去归陰
老母已定屬羊相　獨撫孤兒壽如松

坤之乾　驚

坤之乾　開

乾

今生衣食山中取　四季終年受奔忙

手足雖斧多犀利　那怕頑石硬如鋼

坎

辛亥交來運最通　重重喜慶到門庭

登上長途逢驛馬　半路行時遇黃金

艮

癸未運交百事成　財利盈門已趁心

有祿有壽還晚景　無憂無慮樂昇平

震

枯木開花結佳菓　熊羆入夢必產男

父年交至四十六　養育恩情重如山

巽 離 坤 兌

姻緣簿上定得清　前世夫妻今又逢
佳人辛卯屬兔相　松柏木命是其真
后天位上定婆親　丈命屬猪到陰中
母居丑地屬牛相　在堂獨自享遐齡
四十八九主興隆　百般和順趁心情
盛夏槁苗又逢雨　重陽枯盡再生春
日躔壽星桂花香　看得鴻雁又南翔
生你正當閏八月　一十七日到人間

坤之乾　開

大壯

後天震之乾

震之乾　休

乾

日躔星紀是仲冬　雪裡梅花色更青

誕降主閏十一月　初七定卜下天宮

坎　五十三四小有悔

艮　二十一二先喜後否

震

寿春年少喜無邊　一十六歲遇紅鸞

思星高照黌門會　脫白穿藍光祖先

巽 離 坤 兑

昨夜入夢虺蛇來　定是小喜莫疑猜
母年正交三十八　房中吉產女裙釵
運交辛未兩相分　凶吉原來主不同
上五年旱苗缺雨　下五年禾被甘霖
律轉陽和麥秋至　節交孟夏牡丹開
你命生在四月內　二十六日離母胎
辛日生逢巳亥時　祿馬交臨貴無疑
不借文章能富貴　君恩深沐發英奇

震之乾　休

震之乾　生

乾

日躔降婁桃始華　紫燕飛归舊主家

誕降本在二月內　二十六日定不差

坎

人生五福寿為先　富貴榮華此命全

遐齡定享一百整　魄降魂升入地天

艮

五十三四无咎

震

運交辛未悶沈沈　作事謀為不順情

田問大旱無雲起　大火然時又益薪

巽 運交癸卯定吉凶 禄馬逢空災害生
幸君素行多謹慎 危轉平安不受驚
離 丙日巳亥時上逢 富貴榮華在汝身
不與凡民為侶伴 高登仕路荷君恩
坤 二十一二元吉
兑 子息早晚皆前定 熊羆入夢喜弄璋
妻年交至四十二 一枝丹桂立華堂
震之乾 生

乾　坎　艮　震

變之乾　　傷

牡丹花發勝芙蓉　天上麒麟地下行

算君本是三子命　內有一位是貴人

運行癸卯卦中尋　良玉原來器未成

得遇工師來切琢　萬人賞玩價非輕

流年四十四一凶　突硤口舌事重重

日落西山難覓影　春花卸盡樹頭空

乾坤爻內細推查　父乃木命似落花

萱堂他是屬猪相　雲影天光萬點霞

巽

運行辛未少安康　出入求財要隄防
浮雲遮蔽三秋月　四海九州不見光

離

六七之數夢羆熊　此年合主喜添丁
君命交至四十二　丹桂庭前子立成

坤

五十三四永貞吉

兌

母命原來屬是羊　福如東海寿如山
令尊與母同一相　悠悠蕩蕩赴天堂

震之乾　傷

乾　坎　艮　震

大壯之乾　杜

魯班門下盡其能　月斧風斤手內輪
不論諸般俱會作　一時高妙巧成功
運交辛未主發財　凡事謀為悉趁懷
一家人口多平順　福祿禎祥一並來
癸卯交來卦內詳　已納嘉禾場圃間
千萬倉箱終有慶　悠悠自在享長年
日月恩光雨露新　父交四十二年春
其歲生君降人世　光前裕後顯家門

巽 離 坤 兑

桃花柳絮亂飛揚　燕語鶯啼悉是進
佳人命是平地木　屬猪已亥配妃央
慈母原來是屬牛　寿如松柏景悠悠
因知老父屬羊相　已入黄泉世不留
四十四一好求財　榮華富貴自天來
旱苗得雨勃然旺　枯木逢春花自開
蟄蟲感俯季秋臨　斗柄輪迴建戌宮
生辰已定閏九月　二十六日母子分

震之乾　杜

乾坎艮震

震之乾　景

文章奇貴可彰身　誦讀詩書不負人
掄選身居教授位　一方郡内管諸生
調和琴瑟好姻緣　豈料中途斷兩弦
佳人主定尅二个　再娶屬猪保命堅
運交辛未逢吉星　六畜田蠶一並增
天上無雲光爽朗　花間有雨色逾紅
乾坤交泰同一位　今生必定壽源長
算來兩命皆冲丑　卦象推來均屬羊

巽

並蒂蓮花水上開　兄弟兩个一母胎

次序定就你身小　各振門墻自有懷

離

季冬令内鵲始巢　星宿女躔是玄枵

生辰本在臘月内　二十六日下九霄

坤

癸卯運中數久通　必有官詞來你門

命逢駁雜多阻滯　不必猶疑問利名

兌

農夫逢甘雨

震之乾

景

乾 坎 艮 震

震之乾　　死

女運交臨癸亥中　猶如暗室點明燈
精神爽利人難比　靜對菱花看芙蓉
雁行次序命宮存　手足三進定得清
二女一母人爭羨　同氣連枝你二名
妻宮屬猴定歲春　一旦魂去命归陰
再娶佳人屬猪相　百年恩愛共人倫
日躔析木水始冰　天地閉塞已成冬
生辰必在十月內　二十六日母子分

巽

父母爻象兩相冲　丑未原來居對宮
父羊母牛無錯謬　堂前均在享遐齡

離

鼠牙雀角

坤

令世子宮有多火　坤卦之內報君知
長男若生羊年上　定有二子永無移

兌

將軍克敵

震之乾　死

震之乾　驚

運交卯木宮星衰　月到中秋雲不開
也主降級罰俸事　又恐離任受憂災
父母宮中仔細詳　雙親同相可相當
前數註定難移改　父是羊來母亦羊
推算母親是屬猴　陽間無祿到荒坵
留下老父屬兔相　遐齡獨享景悠悠

乾　坎　艮　震

二十一二先否後喜

巽

桂花雨後早舒香　水淺魚沈雁往南

生長八月二十六　月朗星稀寿限長

離

飢鷹獲食

坤

姻緣前定不風流　人生在世日夜愁

妻宮屬虎難偕老　再娶猪相方到頭

兌

鴛鴦本是同林鳥　獵户驚飛西復東

夫君錯配屬猪相　百年未老半途分

震之乾　驚

震之乾　開

運定辛未有兩端　否泰原來不一般
上五年白璧現世　下五年寶玉無光
出水荷花映日紅　應時腐草已為螢
生長六月二十六　沐浴胎泥見母親
大易能窺天地藏　豫知興喪與存亡
試推人世淒親相　母命為牛父屬羊

乾　坎　艮　震

五十三四无大咎

二十二靜凶

寒梅開放實花繁　姐妹九人不一娘
次序之中你居八　各自宜家意氣揚
父母年命兩不同　母氏屬虎世難存
老父沖酉屬兔相　壽比南山萬古松
大運行到癸卯豐　爵位陞遷萬福興
荊山玉出光明顯　至寶無瑕天下聞

震之乾　　開

巽

離

坤

兑

夬

後天兌之乾

乾坎艮震

兑之乾 休

子息好歹皆前定 誰識芝蘭有異香
天賜麟兒興后世 明珠一顆滿門光
運行作交癸丑間 正似丹鳳在深山
十年之内善養翼 萬里程途一日還
三十六七數久通 必有災禍睛臨身
欲上天兮缺少路 欲入地兮不見門
后天位上卦逢奇 母命算定是屬鷄
老父配就天三木 數真理實不可移

巽

運交辛巳主不祥　隄防疾病與災殃

雲遮皓月難舒影　禄馬沈沈未有光

離

石上芝蘭種異香　天仙採得送人間

年交五八四十整　生子傳家寿禄長

坤

四十九五十永貞吉

兑

雙親位上一爻凶　父命屬蛇去归陰

老母屬羊添延寿　堂前獨自伴孤燈

兑之乾　休

乾　坎　艮　震

兌之乾　生

古人陳迹去效尤　身作丹青把利求
山水人物畫得好　巧似當年顧虎頭
運行辛巳事隨心　家道禎祥福漸增
虎入山林添胆力　龍归大海壯精神
癸丑運交欲卷勤　百事和順件件成
名利途中且釋手　牧綸罷釣樂餘生
世間何是真福祿　人有兒郎萬事足
父年交至四十歲　門上懸弧喜自得

巽離坤兑

巽卦之內定妻宮　萬物春來主發生
佳人屬鷄巳酉相　大驛土命百年榮
父母宮中數不通　嚴君歸去屬蛇人
慈母已定牛庚相　獨守孤燈聽曉鐘
行年三十六七交　禍患災殃是處招
半夜行船風浪起　醉中騎馬過危橋
日躔大火季秋臨　看得鴻雁又來賓
生辰已定閏九月　一十六日到堂中

兑之乾　生

乾 坎 艮 震

兌之乾　傷

八字清奇非俗人　今生必入仕途中
食祿雖微人共仰　身居司獄有洪名
花燭良宵沖煞星　連傷二婦動悲情
三房娶過屬雞婦　相守百年永不刑
運交辛巳勝晚年　長遇喜事兩三番
出入求財逢貴友　家門吉慶自安然
雙親位上仔細詳　父命屬蛇母屬羊
二人康強堂前立　福如東海壽如山

巽

鴻雁當空一對鳴　手足宮中有兩人

數定居長為領袖　生身原是一母親

離

朔風將罷盼新春　時近三陽月正明

生辰臘月十六日　靈胎落地母子寧

坤

運交癸丑數多凶　官詞口舌緊纏身

君值此地須加謹　恐懼丟財又受驚

兌

烈士得利劍

兌之乾　傷

乾 坎 艮 震

兌之乾　杜

癸酉運交喜事臨　月到中秋分外明
閨門並無煩惱事　喜對菱花百事成
天倫樂事最為真　手足相連一母生
兄弟排來人五个　次序定就你居中
鴛鴦折散各東西　此命應當娶兩妻
尅去佳人屬猴相　再娶鷄相永不離
堂前暮景小陽春　寒鵲争梅鬧古松
父母生身是何日　正是十月十六生

巽

蒼松翠栢景無休　江海滔滔不斷流

二親主定皆有寿　父屬小龍母屬牛

離

對質公庭

坤

八字排成論五行　花開結實葉青紅

命中定你有二子　長子主定蛇年生

兌

竹苞之象

兌之乾　杜

乾　坎　艮　震

兑之乾　　景

運交丑地不順情　爵位逢之主受驚
猶如嫩花遭夜雨　又似孤舟遇惡風
后天查對進親相　嚴君沖亥屬小龍
慈母屬羊無錯謬　方顯卦內應之靈
江河自古水長流　父命原來是屬牛
母氏屬猴泉下客　空山日落影難

十七八歲先否後喜

巽

金風蕩蕩雁南遊　桂樹開花香氣流
若問君身何日降　八月十六下凡州

離

旱苗得雨

坤

梧桐葉落受金風　尅妻之命豈由人
佳人屬虎難偕老　再娶屬鷄過百春

兌

棍打鴛鴦東復西　夫君鷄相已長離
喜中牿裡生煩惱　月下操琴苦苦啼

兌之乾

景

兑之乾　死

辛巳運中仔細求　平陂原在數中留
上五年順風縱火　下五年逆水行舟

乾　綠水之處鴛鴦鳴　六月十六始生成

坎　喜得乾坤同一位　貴客清閑又添丁

艮　推定八字論雙親　后天推算妙又真
父親已定蛇年降　慈母必在牛年生

震　四十九五十无大咎

巽　十八歲靜凶

離

坤

兌

雙雙蝴蝶繞花叢　姐妹不是一母生
一連排定有八箇　次序之中你四名
父母二爻有吉凶　卦中推算理最真
母命屬虎先辭世　父命牛相振家風
大運癸丑甚可誇　十年之內享榮華
牧民勤政官星旺　重疊皇恩到你家

兌之乾　死

乾

兑之乾　鷲

辛日酉時上天台　祿馬迎門喜氣來
榮華富貴人爭羨　山呼萬歲在金階

坎

十七八歲先喜後否

艮

牡丹花放滿園紅　杜宇枝頭弄巧聲
若問居身何日降　四月十六下天宮

震

人生早晚是前因　牡丹花放色青紅
母交三十六歲上　房中生下美佳人

巽　離　坤　兑

四十九五十小有悔

少年不發墓中人　此造早遇紅鸞星
大造纔交四（下）十（上）歲　喜氣洋洋入泮宮
日躔析木水始冰　雉入大水化為蜃
生你正當閏十月　二十七日下天宮
大運辛巳顛險多　破財口舌起風波
定到下五年間好　金玉出塵寶鏡磨

兑之乾　鷩

兑之乾　開

乾

妻宮行年四十歲　明珠出海拜北斗
此歲必然獲佳兒　家道興隆增人口

坎

四十九五十无咎

艮

十七八歲元吉

震

運行交至癸丑中　十年之内甚安平
雖然喜慶無由至　也無災咎到門闌

巽　離　坤　兌

月沈滄海日沈西
九十八歲光陰盡
運交辛巳不趂心
快馬打入連陰站
桃紅柳綠正爭春
生辰二月十六日
君乃丙日酉時生
却是青雲得祿客

兌之乾　開

雲暗天昏難步移
水流東注無回期
災殃禍患亂紛紛
行船遇見頂頭風
斗轉卯宮天氣清
靈胎落地母子寧
天喜紅鸞照命宮
世食皇王粟萬鍾

需

後天坎之乾

坎之乾　　体

八字之中定得清　屬兔佳人命归陰
再娶妻宮屬牛相　方是百年偕老人
日纏鶉尾禾乃登　白露降兮寒蟬鳴
借問元辰何日是　七月初七下天宮
太極剖破洩天機　父居酉相是屬鷄
慈母屬羊松栢會　積德流芳後世遺

乾　坎　艮　震

良玉得價

巽 二十五六先否後喜

離

坤

兑

鴛鴦相會在蓮池　本願今生兩不離

可恨漁人驚得散　夫君牛相尅無移

後天推來母屬猴　看來世上已難留

父親本是蛇年降　獨自鼓盆在堂愁

大運交來已火臨　南方獨旺尅官星

憂悶驚疑多懊惱　沈沈祿馬欠光明

坎之乾　休

坎之乾　生

乾

母命居乾在寅宮　相是屬虎去归陰
父親屬蛇巳年降　寿年高邁是老彭

坎

二十五六靜凶

艮

芒種節交半夏生　聽來反舌已無聲
誕降本在五月內　初七定產畫堂中

震

芙蓉出水朵朵鮮　姐妹行中定後先
排來三個身居二　母不一焉父一焉

巽 五十七八无大咎

運交癸巳最為高　精神爽利福禄招
官星旺聖恩滾滾　家業豐樂意滔滔

離

進親寿限有高低　已定前生不可移

坤

爻合辰兮毋合子　毋為牛兮父為鷄

兌

運行交至辛酉中　否泰原來數不同
辛字中田獲三品　酉字中失落良弓

坎之乾　生

坎之乾　傷
蚯蚓結兮是仲冬　雪花飛舞在當空
閏十一月十七日　沐浴胎泥見母親

乾

坎　五十七八小有悔

艮　二十五六先喜後否

震　此刻生人志氣豪　錦繡文章做得高
年交十八郎得意　明倫堂上姓名標

巽 離 坤 兌

陰盛陽衰巽卦詳　桃杏逢春味更香
毋年正交四十歲　房中產下女嬌娘
運行交至辛酉間　凶多吉少不平安
若要心中無憂慮　除非交至下五間
鴛鴦拂羽在三春　斗柄輪迴建長宮
三月正堂初七日　靈胎落地見雙親
壬日丑日貴星臨　今生本是人上人
腰金衣紫身榮顯　食豐豆養厚姓名洪

坎之乾　傷

坎之乾　杜

乾　草木萌動是孟春　梅花雪裏弄青紅
正月初七降人世　晚景榮華寿祿增

坎　今生主定命源强　福祿加增享寿長
帝堯本有百年樂　你大二載始天七

艮　五十七八无咎

震　運行辛酉數不通　日月雲遮光欠明
必主破財長生悶　憂愁煩惱少安平

巽

運行交至發已間　數中不秋有災殃

幸有六合神來救　禍裏呈祥卻自安

離

丁日生逢辛丑時　此命主貴定無疑

豈借文章發奇跡　一聲震動滿天知

坤

二十五六元吉

兑

兑卦之中定命宮　一宗喜事到門庭

妻交五八零四歲　生子方是送終人

坎之乾　杜

乾　坎　艮　震

坎之乾　景

乾卦推就子息宮　却是由命不由人
生來三子天恩重　內有一位是貴星
運行交轉癸巳間　正如積土始為山
吾勸君子須努力　莫放工夫半刻閑
四十四五流年凶　海底撈月總是空
隄防災患及身體　紅日東升被雲朦
卦爻已定斷吉凶　雙親位上不同論
母命註就屬牛相　父命原來地四金

巽

運行辛酉數多窮　古鏡不磨塵土生

掘井無泉空悵望　傷財惹氣一場空

離

花開結子晚年間　四十四上生兒郎

多虧陰功積得厚　鳳舞龍飛世代香

坤

五十七八永貞吉

兌

父母宮中母屬羊　松柏長青壽源强

父命沖卯屬鷄相　身入黃泉不在堂

坎之乾　景

乾 坎 艮 震

坎之乾　死

一道黑線雨人忙　費盡工夫似上山
你去我來何日了　全憑扯拽過時光
運行辛酉祿重重　財源滾滾甚崢嶸
百事謀為多遂意　門迎喜氣又康寧
運行交到癸巳中　秋成滿地出黃金
人間大務安排就　不必貪圖枉費神
春至花開滿樹紅　蟠桃枝上葉青青
父年方交四十四　生你如同貴寶金

巽離坤兑

一對鴛鴦水上遊　黃花開放過深秋
佳人之命壁上土　辛丑年生是屬牛
父命原來是屬鷄　身归黃土暗悲啼
牛相寿高有老母　孤燈獨守淚沾衣
流年四十四五中　吉星拱照自光明
進財添喜人尊敬　東西南北任君行
日躔寿星盖秋臨　天上轟雷已納聲
生辰已定閏八月　初七胎元到世塵
坎之乾　死

乾 坎 艮 震

坎之乾　驚

此命生來非等閑　裁培士俗誘一方
錢穀兵刑不須管　教化施展明倫堂
鴛鴦忽地被刑冲　絃續雖知又不存
已定蘭房尅二婦　屬牛再娶永同盟
運交辛酉主發興　桃杏花開遇三春
作事順利無阻滞　財禄盈門遂夙心
算定鷄相是令尊　因知屬羊是母親
堂上椿親齊有寿　滔滔福氣長精神

巽

造化難推兄弟宫　雁行手足細搜尋

庭前曾植紫荊樹　你作三人頭一各

離

仲冬天氣雪花飄　麋角解兮虎始交

十一月内初七日　你身脫離母胎胞

坤

運交癸巳最為凶　官詞口舌不離門

命中一生顛險處　須要忍耐加小心

兑

蛟龍得雲雨

坎之乾　驚

乾　坎　艮　震

坎之乾　　開

此造生來不愛錢　終朝那管喫和穿

撇下人間多少事　有酒便是活神仙

兄弟宮中整三婆　生身原來是一娘

次席惟有你最小　各自超宗繼門庭

天配姻緣不自由　花殘月缺喜中愁

鴛相佳人難到老　永遠同衾是屬牛

雀入大水鴻雁來　日躔大火菊花開

九月上旬初七日　你身一定離母胎

巽

椿親位上景悠悠　偕老齊眉到白頭
父命本是屬雞相　母氏丑年是屬牛

離

官符壓運

坤

宗嗣遲早非偶然　卦爻之內細推研
長子若立屬雞相　定有二子繼家緣

兌

隋隄楊柳

坎之乾　開

后天坎之坤

比

坎之坤　休一

乾　辛丑交美數內詳　　有否有泰不同觀

上五年爲飛天際　　下五年船漏長江

坎　盛夏榴花似火紅　　五月二十六日生

父母堂前同歡悅　　一炷明香謝神靈

艮　天微造化淺天機　　堂上雙親年命齊

試問椿萱何屬相　　均是屬牛永無疑

震　四十二二元大咎

巽 此刻生人定命宫
若是命水必剋去
离 雁行次序定排行
姐妹五人中央坐
坤 滚滚黄河入海流
嚴君屬鵃后天定
兑 運交奎壁文書昌盈
冰清潔民歡樂门
坎之坤 休 二

妻推火土不相刑
又主子息難保成
后天推算女命強
却是同父不同娘
剋去母命是屬牛
在堂独自把身留
財祿盈滿喜氣揚
政著河陽循吏良

坎之坤　生　二

乾
辛日癸巳時非常　必是英雄名姓揚
食祿千鍾人敬重　君王日伴是榮昌

坎
此刻生人最為良　才高班馬飽文章
權衡倫選声名大　勅封職授外黃堂

艮
田鼠化鴽李春臨　紫燕飛鳴画堂中
若問誕降何日是　三月二十六日生

震
一朵鮮花降九天　虺蛇入夢卦內觀
母年正交三十二　靈胎落地母女安

巽四二 小有悔

离 文運何日何年通
算君入泮不得早

坤 月躔析木水始冰
閏十月內初七日

兑 辛丑運至不如意
若要平安無别事

坎之坤 生 三

屢考不第屢負心
五十八歲入黌門
虹藏不見是仲冬
一枝丹桂立庭中
堤防災禍口舌招
下五年間百福清

坎六坤 傷三

乾 八字之中仔細詳 有無兒女是前緣
妻宮行年三十六 洞房吉慶一見郎

坎 四十二无咎

艮 今生文運數不通 早年身已入黌門
高攀丹桂無能望 功名只是一貢生

震 運交辛酉卦中參 命中主定有災殃
辛有六合神來救 逢凶化吉自平安

巽

南極註定壽源長　何日辭世上九天

九十四歲作大夢　辭別家人入土間

離

運交辛丑否氣多　災禍臨身受折磨

出入求財無利息　猶如伐木失斧柯

坤

草木萌動柳花虛　日躔娵訾獺祭魚

生辰己定正月內　二十六日育汝期

兌

丙日巳時貴難言　吉星照命福祿全

仕途路上終有分　深沐皇恩鎖九疊

坎之坤　傷　爻

坎之坤 杜又

乾 母又冲丑屬羊相
陰盛陽衰此勤內

坎 二十八九數逢空
欲上天今未階級

艮 四十一二永貞吉

震 辛丑運交數不佳
命中數雜顛倒處

父親冲未是屬牛
母在父已入土坵
焉走忽陷泥潭中
數入地今無穴坑

風捲殘燈雨打花
心煩意惱亂如麻

巽 運交辛酉這幾年
漸到望日桂花長

離 乾坤二爻推算真
老母也是屬蛇相

坤 破布衫現破布裙
前生作下今生孽

兌 非夢能罷何日應
此時生子重重喜

坎之坤　杜女

上句之候月未圓
萬里山河照不偏
父親已定木命人
翠竹梅花雪裏青
粗茶淡飯把飢充
四壁徒空徹骨貧
歲交三十六年中
賀客纏聯到客庭

坎之坤　景久

乾　日躔壽星亥鳥归　鴻雁悽悽望南飛
閏八月當二十六　脱離母胎到羅幃

坎　運交辛酉到殘冬　開謝花開子結成
百歲甘辛從此盡　得安身處且安身

艮　辛八九命源通　作事順利趁心情
相伴死央在水工　姻緣本是自生成

震　官幹私為無且滯　錢財滾滾到門庭
妻命推就大林木　屬蛇己巳年上生

巽 運行辛丑主榮華　康太家門事〻佳
旱苗得雨勃然旺　枯木逢春又放花

離 天宮獻瑞子初成　蟠桃枝上菓青青
父歲方交三十六　香生蘭桂定添丁

坤

兌 雙親庚相皆屬牛　父命今已去西遊
老母独在高堂上　独伴孤燈雙淚流

坎之坤 景上

坎之坤　死　上

乾　老入思親淚不乾　家遭繼母受熬煎
也是命裡該如此　何必吞声高怨天

坎　運交辛丑大亨通　康太家门福祿增
萬朶紅花著細雨　一輪明月去浮雲

艮　辛酉運至不可誇　事非口舌乱如麻
官符壓命訟起　去財惹氣不如佳

震　雙雙鴻雁過長江　手足宮中整兩雙
上一兄兮下二弟　也同父兮也同娘

巽 狂風吹開並頭蓮　折散姻緣不得全

洞房之中剋二婦堅　再娶屬蛇保命堅

離 進親之相離鄉藏　父是屬半母屬羊

二人皆在高堂工　蒼顏白髮壽源長

坤 格局清秀祿氣強　必然掌印鎮一方

請問官居何職位　初授吏目有陞遷

兌 仲冬節交麋解角　雪花冷漠罩乾坤

十一月當二十六　初出陽世見母親

坎之坤　死上

坎之坤 驚上

乾 富家大吉

坎
姻緣錯配娶屬猴 半路折散不到頭
重婚不龍為夫婦 方許相守百年秋

艮
積善之家丹桂栽 塵候自有好花開
長子若生牛年上 后邊還有一个来

震
叟親位上喜相逢 兩命皆在牛年生
若問今生壽長短 可比南山四皓公

巽　伯仲叔季皆有耦　手足森森整八丁
上四男來下三弟　俱是一母把身生

離　菊蕊籬邊朵朵黃　天邊鴻雁叫声壯
生辰已定九月內　二十六日到人間

坤　癸巳運中女命安　閨门喜氣自綿綿
十朵好花開雪后　一輪紅日到中天

兌　性似烈火心似鐵　殺人如同宰豬羊
雖然犯法不償命　發配充軍去他鄉

坎之坤　驚之

坎之坤　開上爻

姻緣錯配怨天公　一對夗央兩地分

乾　夫君屬蛇巳年降　至今已到酆都城

坎　雙親位上母屬羊　算来今已上西天

留下高堂屬鷄　独自鼓盆淚不乾

艮　頭妻之相是屬虎　算来今已入了土

再配佳人屬蛇相　方許百年兩相處

震　天上銀河應候橫　蟬声悲切繼相吟

七月下旬二十六　父母堂前添了丁

巽

后天卦內定陰陽　推算人間爹共娘
若問他是何年降　父是屬牛母屬羊

離

能解天下怨與困　善救人間一刻貧
架工質當他得物　利滿來送不去尋

坤

運交酉位官星衰　坎壈纏身擺不開
不是降級便罰俸　滔天大禍入門來

兌　枯楊生華

坎之坤　闕文

兑

後天兑之兑

乾　坎　艮　震

兌之兌　休

十七八歲流年佳
蟠蚌相持漁得利
運行癸丑多主凶
不是傷財要損氣
行運初交癸酉間
肩頭重負莫能放
老樹開花結子艱
積善門中增瑞氣

氣象嶒嶸甚可誇
軟硬弓弦任意拉
十年之內火欣欣
何時跳出大火坑
營謀財利似為山
纔得全歸名譽揚
全憑培養葉枝繁
四十八歲生兒郎

巽 離 坤 兑

巽卦之内定得明
推原老母是何象
嚴父查對是屬牛
因知慈母屬猴相
五十二三不風流
駕得大舟入海去
積善門中子降生
五株虛落空虛位

父親命該地四金
后天斷就屬蛇人
卦落孫虛入土坵
獨伴孫燈淚自流
秋日蟲鳴啾唧啾
雲霧迷天風浪週
乾坤准稟六郎逢
一鳳長鳴貴品中

兑之兑　休

乾　坎　艮　震

兌之兌　生

流年五二至五三　卦爻斷定甚吉祥
握地遇見黃金穴　開門又逢白玉箱
姻緣本是月老定　妻宮位上斷得明
屬蛇之相為儔侶　辛巳年生白蠟金
運行癸丑大異常　鳳凰振羽萬仞山
撥開雲霧青天見　四海江河一望間
母氏原來虎歲生　寿如松竹百年青
因知老父屬牛相　巳作黃泉路上人

巽　離　坤　兌

枯楊生稊最吉祥　父當四十八歲間
你命挺然堂上立　鳳凰振羽正當陽
雁過南樓陣陣忙　氣清天朗好風光
生長主定閏八月　二十七日降中堂
運交癸酉到殘年　好比蜘蛛細結全
坐食飛蟲分中事　得安然處且安然
男兒偏做女人事　八字之中最是奇
今日剪破綾羅緞　明天作就龍鳳衣

兌之兌　生

兌之兌　傷

乾
運交癸酉險阻多　隄防平地起風波
必主官詞口舌至　十年之內受折磨

坎
鴻雁高飛過長江　手足宮中有兩雙
數中定下前上身居三　生身卻是一層娘

艮
正鼓瑤琴斷了絃　佳人尅去一雙焉
三房重配屬蛇相　方能偕老到百年

震
嶺上梅花朵朵香　隆冬數九大雪揚
生辰巳定十一月　二十七日降人間

巽

母氏斷就猴年生　父親必是屬牛人
松柏青青長不老　二人一定享遐齡

離

桃李至三春

坤

運交癸丑甚可誇　春天楊柳水中花
財祿盈門人共羨　頻頻喜氣自然加

兑

女運乙丑論吉凶　陰爻得位甚精神
三日甘霖豐父慶　才華八斗衆人欽

兑之兑　傷

乾 坎 艮 震

兑之兑 杜

后天斷定長子命 庚相原來是屬牛
定有斷續人兩个 天長地久百年秋
準父親堂上斷得清 令生一定享遐齡
母氏推原是屬虎 老父降在牛年中
紫荊花發甚豐隆 數逢八士降堂中
上四兄來下三弟 可羨生身一母親

遇敵手

巽

金風吹雁過南樓　菊滿籬邊號素秋
生長已定九月內　二十七日下凡遊

離

卦爻之內仔細求　一對夫妻皆屬牛
相親相敬永相守　交頸鴛鴦水上遊

坤

婦命原來是屬雞　相親未老已先離
再配妻命屬蛇相　戲水鴛鴦永遠宜

兌

今生暫度巧姻緣　亂走胡行鬼路鑽
那管身亡並家破　從來色胆大如天

兌之兌　杜

兑之兑 景

乾

月老錯註姻緣簿 佳人屬兎命不長
再配蛇更為夫婦 方得偕老到百年

坎

梧桐葉落起金風 秋稼如雲遍野濃
生你正當七月內 二十七日離母親

艮

準親位上卦中求 父命原來是屬牛
再查老母無錯謬 后天斷定是屬猴

震

姐妹宮中定得涛 雁行排就有三人
次序之內你居長 生身不是一母親

巽 離 坤 兑

三十三四先否后喜

一對鴛鴦水上鳴　漁人驚散各西東
相配夫君屬蛇相　不到頭時半路分
毋爻衰敗入土中　台天斷定屬猴人
父爻健旺寿限遠　冲卯雞相有聲名
運交酉位金受傷　禄馬沈沈不見光
聲名至此遭損害　小心謹守始為强

兑之兑

景

兌之兌　死

乾　坎　艮　震

母命冲申屬虎宜　身遊冥府月沈西
乾爻得位父主壽　其相原來是屬雞
三十三四靜凶
榴花開放幾枝青　樹上黃鸝弄巧聲
生長五月二十七　此景主定晚景榮
梨花開放朵朵香　姐妹五人不一娘
若問女命值何位　次序定就在中央

巽 離 坤 兌

虺蛇入夢非男胎　張家樹兒李家栽
父年正交十六歲　房中一朵好花開
運交癸酉大興隆　卦逢離位主文明
得展定國安邦志　且沐皇恩幾萬重
雙親之相卦中求　全憑刻對與時投
試門椿萱值何位　母命屬虎父屬牛
癸丑運交問美惡　水上原來大反常
癸字五年鼠在室　丑字五年虎離山

兌之兌　死

兑之兑　驚

梅花開放幾枝香　虹藏不見青道黃
生長壬定閏十月　上旬初八到人間

乾　人生若問生合死　樹未到秋葉已彫

坎　行年正交五十四　陽台一夢赴陰曹

艮　三十三四先喜后否

震　天乙貴人照命宮　寒窗篤志苦用功
二十二歲逢吉數　得意泮池去採芹

巽 離 坤 兌

女命何日降在塵　母交四十四歲中
應了前夜虺蛇夢　還看今生福壽通
大運癸丑定吉凶　美惡原來大不同
上五年旱天祷雨　下五年豐歲甘霖
麥隴青青天氣濤　倉庚鳴罷幾千聲
借問元辰何日降　三月二十七日生
壬日巳時帶貴星　金階玉殿許君行
前生修下今生福　定食天祿享鴻名

兌之兌　驚

乾 坎 艮 震

兌之兌　開

君命何日降紅塵　雨水交合是孟春
正月天氣生人旺　二十七日到堂中
命中南極入胎元　今世推君享大年
直到一百零六歲　魂升魄降赴西天
十六七歲運不佳　風前燈燭雨中花
吾勸君子宜保守　一跌無傷急速扒
運交癸丑大不祥　多少疑危在此間
浮雲迷住三秋月　何日明珠露出光

巽　運行交至癸酉中　相逢金水利源通
當怕巽木來洩氣　美惡交和兩見平

離　丁日乙巳時最祥　龍行虎步上朝堂
不借文章能華國　定國安邦史策光

坤　三十三四元吉

兌　妻交四十八歲間　一定生子到門闌
無沖無破秀且美　成人長大甚吉祥

兌之兌　開

困

後天兌之坎

乾坎艮震

兌之坎　休

天地生人不得均　原來遲早是前因
元辰出世當何歲　嚴父纔交十六春
天邊鴻雁過長江　手足宮中有兩雙
富貴窮通不一樣　內中還有石皮郎
雙親位上父為雞　已入黃泉一土堆
慈母原是屬狗相　孤燈獨伴苦淒淒
運交巳丑事漸消　名利途中莫受勞
韶光荏苒催人老　歲寒松柏一枝翹

巽　離　坤　兌

流年三十五六逢　好花遇雨色逾紅
范睢說秦得其祿　卞和獻玉見楚成
丁己運中萬象新　冬盡陽回花遇春
吉慶自然從天降　百事求謀皆遂心
姻緣本是從天定　並蒂蓮花藕上生
佳人乙酉屬雞相　泉中水命福無窮

兌之坎　休

兌之坎　生

乾

白虎星君太不良
人間冲散好鴛鴦
夫妻反目心中惱
半路分開將一傷

坎

金風吹動桂花香
鴻雁高飛遠播揚
生長巳定閏八月
上旬初十到人間

艮

運交丁巳大吉祥
喜氣迎門百福昌

震

人生遇此十年景
梅花雪裡放天香

巽

運交巳丑多主凶　必有官詞口舌臨
吾勸君子宜修省　若不謹守禍重重
鴛鴦折散苦淒淒　急水沖開比目魚

離

佳人主定尅一个　后娶少定是屬雞

坤

八字排戌論命宮　雙親受尅是前因
父命屬雞歸天去　有寿慈母定屬龍

兌

空中鴻雁叫聲長　手足宫中有一雙
次序排來你為首　也同父來也同娘

兌之坎　生

兑之坎 傷

乾

后天妙理論五行 斷定不錯半毫分

父命屬雞母屬狗 雙雙有壽正如松

坎

女命行至巳酉中 持家立業長精神

千朵鮮花開雨后 萬里無雲色正明

艮

柳暗花明

震

自古江河日夜流 人生不得事[下]自[上]由

屬馬之婦難偕老 再娶屬雞方到頭

巽 離 坤 兌

前世陰世積一子
算來生在蛇年中

此是后天真實數
別相定然不能成

秋來鴻雁過長江
前后飛飛思故鄉

兄弟五人同一母
后天斷定你居三

瑞雪紛紛冒遠山
洞房之內是親娘

生辰主定十一月
上旬初十到人間

紫荊花發滿堂紅
兄弟三人一母親

有弟無兄你居長
胸襟各吐立家門

兌之坎 傷

乾坎艮震

兌之坎　杜

黃菊開放在籬邊　雁過衡陽陣陣喧
生辰已定九月內　上旬初十定胎元
大運交至丑土中　增加爵職受皇封
民之父母人罕見　廉而不貴有聲名
朱陳匹配好姻緣　定主今生壽祿全
若問夫君是何相　算來誕降在雞年
雙親之命有一凶　慈母屬馬入土中
嚴君屬牛壽有壽　在堂洒淚歌鼓盆

巽　姻緣簿上太不良　佳人屬鼠入土間

離　重婚再配屬雞相　方能偕老百年昌

坤　后天斷定兄弟宮　一連排定有七人

兌　次序之中你居二　同父同母不同心

襄子遇豫讓

排字八字論五行　父命屬雞母屬龍

二人均在高堂上　相欽相敬享遐齡

兌之坎　杜

兌之坎　景

乾四十九五十悔

坎

艮

震

丁巳運中數不齊　吉凶互異少人知
上五年鼎鐘現世　下五年珠玉藏泥
運交巳酉百事祥　良玉現世價無雙
辦事幹鍊多異政　民人感戴頌循良
父母宮中母屬猪　音容欲見杳然無
嚴君蛇相添延壽　撫養蘭桂過居諸

巽離坤兌

雙親之位一爻凶　嚴君有壽牛年生
配定母氏屬鼠者　命不堅牢見閻君
卦爻推算雙親相　后天斷定理數真
慈母沖辰屬狗相　嚴君沖卯雞年生
玉蕊花開似粉粧　姐妹八人不同娘
數中前定身居二　各自宜家耀門墻
玉露銀河天際橫　輪迴手柄建申宮
若問你身何日降　七月初十見母親

兌之坎　景

乾　坎　艮　震

兌之坎　死

帶雨花開色更紅　人生遲早是前因

若問女命何時降　父交四六歲零零

巳日酉時最為強　祿馬拱照姓名揚

今生遲食皇家祿定　金玉滿堂門户光

丁巳運中仔細詳　美惡原來卦中藏

上五年敝衣出室　下五年衣錦還鄉

排定八字論五行　后天數上推算真

嚴君沖卯屬雞相　配定慈母屬龍人

巽

父母雖然遇一宮　一爻旺兮一爻凶

母氏屬蛇入土內　父親同相在堂存

離

仲夏節交半夏生　斗丙輪迴建午宮

生辰五月初十日　脫離靈胎見母親

坤

功名遲早皆前定　人生難得强求成

年交三十八歲上　定然入泮到黌門

兌　四十九五十動凶

兌之坎　死

乾坎艮震

兌之坎　驚

運交巳丑問原因　無破無沖最是平
上山不走荊棘路　入水何至遇蛟龍
春天雨足花開早　菓結枝頭喜綴紅
妻年交至一十六　洞房之內子降生
甲日酉時顯貴星　必是龍樓鳳閣人
井墉之上承恩寵　世食天祿有奇名
桃李爭妍在晚春　柳陰深處燕聲新
生長三月初十日　父母堂前添笑容

巽
仲冬天氣雪花飛　父母生在羅幃
誕降正閏十一月　中旬二十滿堂輝

離　四十九五十吝

坤
大運丁巳欠亨通　災殃禍患亂紛紛
船到江心暴風起　長途馬走遇泥濘

兌
一潭秋水十分清　釣叟收竿罷晚綸
七十四歲大限到　江岸不見白頭翁

兌之坎　驚

兑之坎　開

乾　坎　艮　震

丁巳運中多險阻　駁雜顛倒命難通
蛟龍出水遭塗炭　猛虎離山被犬侵
日久風吹菓不牢　皆因時刻命中招
妻年交至四十四　喜產兒郎壽命高
紅鸞照命吉無邊　君歲交臨十六年
洞房生子趁同意　早得輕閑福祿全

四十九五十貞吉

巽 離 坤 兌

東風解凍孟春天
正月初十君生世
流年三十四五逢
一身墮入荊棘路
數中前定不可移
天一生數父命水
運行乍交己丑中
直待風吹天來即
兌之坎 開

佳節元宵在目前
脫離靈胎母子安
災禍交加亂紛紛
雙手撥開是非門
雙親豫報人世知
配合慈母必為難
月被雲迷不顯明
長空萬里掃無塵

萃

後天兌之坤

兑之坤 休

乾坎艮震

南樓雁過有高聲 斗柄輪廻建酉宮

生辰主定閏八月 上旬初六產男丁

運交辛巳白頭翁 松竹經霜勁節崇

櫃積銀錢倉積粟 金美玉飯食無窮

二十二一命源通 必有喜慶到門庭

滿天雲被風吹散 一輪明月照當空

鴛鴦相會在池中 天配姻緣注得清

佳人已丑屬牛相 他是霹靂火命人

巽離坤兌

運交己酉主大通　人逢喜氣倍精神
財源滾滾從天降　五福悠悠指日增
人生遲早是前緣　兆夢熊羆嗣續添
父年交至四八整　挺然你命降中天
姻緣簿上不必題　今生一定尅十妻
也是命裡該如此　何容背地苦淒淒
父母宮中父屬雞　未到百年入土墟
母氏屬鼠天增壽　獨伴孤燈淚染衣

兌之坤　休

兌之坤　生

乾

迎春桃李開花　結菓堅牢味更佳
若不開花先結菓　尼姑僧道保全他

坎

運行已酉大興隆　作事般般俱稱心
日照中天無物翳　東西南北任君行

艮

運交辛已欠和平　必有官災來及身
喜中暗裡生煩惱　財散如煙禍不輕

震

紫荊花放滿堂紅　手足行中一毋生
次序排定依居長　胸襟各吐立家門

巽　離　坤　兑

鴛鴦對對水中游　兩位佳人不到頭
重婚再配屬牛命　相欽相敬百年秋
乾坤交泰喜相逢　算定雙親壽似松
母命冲子屬馬相　父命冲卯屬雞人
人生此刻實難言　終日昏沈醉夢天
世上事務全不曉　面糊盆內度餘年
水泉動兮是孟冬　飄飄瑞雪滿乾坤
生辰主定十一月　上旬初六到紅塵

兑之坤　生

兌之坤　傷

乾　鶴勢摩空

冲散鴛鴦不到頭　尅過妻宮是屬猴

坎　再配佳人是何相　后天斷定必屬牛

艮　嗣息宮中最為奇　后天斷定不可移

今生主定二子命　長子原來是屬雞

震　后天斷定雙親相　母命屬鼠父屬雞

若問今生壽長短　百歲光陰百歲奇

巽離坤兌

高飛鴻雁自成群
排行主定人六個
鴻雁來賓季秋間
借問元辰何日是
女運交至癸丑中
好似花開逢細雨
壽夭長短皆前定
行年不到十五歲

手足宮中一母生
有兄無弟你居終
菊花開放滿籬黃
九月初六見親娘
浮雲吹散月光明
精神分外倍加增
凶煞偏臨年少人
一命歸空天祿終

兌之坤 傷

乾坎艮震

兌之坤　杜

姻緣錯配不到頭　尅去夫君是屬牛
也因命裡該如此　為何昔地起煩愁
乾坤位上一爻凶　母氏屬羊定歸陰
高堂幸有屬蛇父　撫養蘭桂長成林
結髮佳人屬虎相　羊路相逢不到頭
若要永遂于飛願　定要娶過一屬牛
玉蕋花開白似銀　鵲橋高駕渡雙星
借問元辰何日是　七月初六降生身

巽
后天位上定雙親　排成八字細推尋
慈母沖子是屬馬　嚴君沖卯屬雞人

離
米麥高粱寶珍　高低價值辨分明
囤積居奇為買賣　朝朝糶糴是營生

坤
大運交至已火中　此地不利失官星
赤胆忠心反遭損　事情駁雜實難通

兌　海客候風

兌之坤　杜

兌之坤 景

乾 坎 艮 震

大運辛巳旺家門 才識鍊達去臨民
丹陛之上沐恩寵 四方頌祝起歌聲
后天查對父母宮 坎卦斷定無改更
慈母鼠歲生爾體 嚴君雞歲降其身
二親宮中母屬牛 命歸泉下淚長流
老父屬蛇添延壽 堂前獨自鼓盆愁
此刻生人論命宮 火土子宮定魁刑
若是金木主有壽 水命促短世難存

巽 日躔鶉首螳螂生 斗柄輪迴建午宮

生辰主在五月內 上旬初六降生身

離 二十三四无大咎

已酉運有慶有殃 卦爻內仔細推詳

坤 上五年寶刀出匣〔匣匣匣〕 下五年塵埋劍光

梨花朵朵粉粧成 姐妹原非一母生

兌 上一姐來下一妹 你命居在正當中

兌之坤 景

兑之坤　死

己酉運中仔細詳　美惡原在卦中藏
上五年敝裘出堂　下五年衣錦還鄉
桃杏花開映日紅　柳陰深處燕聲清
若問你身何時降　三月初六見母親
朔風凜凜雪花生　斗柄輪迴建子宮
生辰主閏十一月　十六吉產畫堂中

乾　坎　艮　震

震　二十三四小有悔

巽離坤兌

淸高八字拱三奇　食祿千鍾人少知

請問君居何職位　按察使司按察司

虺蛇入夢小妻生　卦爻之內斷得淸

若問女命何時降　母年二十八歲中

辛日丑時帶貴星　不借文章可發身

世食天祿人欽敬　管你平步上青雲

功名到手莫怨遲　命運限定不可移

君年交至五十四　方纔脫白換藍衣

兌之坤　死

兌之坤　驚

丙日丑時福無窮　萬里青雲足下生

今毋定食皇家祿　殿陛之上奏奇功

八字清奇祿馬逢　鳥中鸞鳳獸中麟

乾

丹墀之上承恩寵　探花及第沐鴻恩

坎

日躍蝦訾魚負冰　蟄蟲始振起潛龍

艮

生作平當下正月內　上旬初六降其身

震

今生主定壽延長　秋后衰草遇嚴霜

九十歲上作大夢　悠悠蕩蕩赴天堂

巽　三十三四无咎

運交辛巳定吉凶　十年此地多平庸

離

雖然難得喜慶事　些微小恙莫掛胸

子息遲早皆因命　人生難得强求成

坤

妻年交至三十二　洞房呱呱聽兒聲

己酉運交不可誇　烈風猛雨打殘花

兌

財去財來難久在　事非纏繞亂如麻

兌之坤　驚

兌之坤　開

花開結菓實奇珍　積德之家又積陰

年庚交至三十二　洞房之內產兒童

乾

三十三四永貞吉

坎

左右雙磚一並光　家中未有半升粮

艮

東門纔出西門進　乞食乞衣噹吃饒

震

運行辛巳仔細詳　牡丹芽發味奇香

盛夏悠悠得霖雨　枝頭燦爛滿園光

巽離坤兌

二十二數不通　災殃禍患一齊生
敵雜阻滯多有碍　六合神救免受驚
運行已酉不為高　防備災殃禍患招
日到中天雲霧蔽　馬歸泥濘路途遙
雙親主定一爻山　赴去嚴君難命人
老母屬馬壽限遠　堂前獨自伴孤燈
雙親位上定來真　一爻晦兮一爻明
嚴君本是天三木　慈母生在牛年中

兌之坤　開

後天兌之艮

咸

乾　坎　艮　震

兌之艮　　休

父文不旺歸泉下　冲未降在牛牢中
生身老母屬鼠相　堂上獨自享遐齡
五十一二流年通　財利盈門百福臻
雲霧散盡天來郎　藍田得兩玉能生
姻緣錯配若悲啼　今生已定尅五妻
也是前世燒香少　來到江心補漏遲
運行己丑福無窮　重重喜氣到門庭
日出雲消光倍顯　花開著雨十分紅

巽
大運交至己酉中　人間大務早如心
勸君莫管餘閑事　推枕披衣聽曉鐘

離
一對鴛鴦水上遊　前世姻緣今世投
佳人丁巳屬蛇相　此中土命永無憂

坤
八字排定推五行　嚴君屬蛇入土中
慈母屬豬添延壽　堂前獨自伴孤燈

兌
若問君命何時生　父交二十四歲中
夜間得了熊羆夢　載寢之牀福自來

兌之艮　休

乾 坎 艮 震

兌之艮　生

雙親俱在蛇年生　一爻旺兮一爻凶
父爻衰敗歸泉下　母爻健旺在世存
運交巳酉須謹守　恐懼官詞口舌生
丟財惹氣還為小　又怕人丁不太平
陰陽不和母腹中　也是微微帶破身
人生只有十個指　你與旁人大不同
比目魚遭猛浪分　佳人主定有刑冲
重娶屬蛇為夫婦　百年相守結同盟

巽

運行己丑主榮華　家門康太事事佳
早苗得雨勃然旺　枯木逢春又放花

離

伯仲叔季自成行　兄弟四人共一娘
上一兄來下二弟　你命居二不尋常
鴻雁南飛有遠聲　花開籬畔發英紅

坤

生長主定閏九月　正當二十下天宮
雙親位上仔細求　母親屬馬父屬牛

兌

二人主定皆有壽　相敬如賓到白頭

兌之艮　生

兌之艮　傷

乾

斗轉丑字是寒冬　夜月光輝酉上行
生辰蠟月正二十　父母生你應羆熊

坎

男女宮中仔細詳　命帶兒郎有一雙
若問長子何年立　算來生在牛年間

艮

女運辛巳最為高　閨門定主喜事招
粉面長對菱花照　無憂無慮樂滔滔

震

鴻雁當空排作群　兄弟八人一母生
次序之內君居四　持家各自立門庭

巽

人生在世不自由　窮通在命莫強求

妻宮屬羊難偕老　再娶小龍到白頭

離

春花一朵色鮮妍　父命屬牛卦內觀

慈母屬鼠春常在　可比清泉壽命堅

坤　**飽食逸居**

堂上雙親母屬豬　父命屬蛇壽何如

震

雙雙白髮老將至　天假之年享居諸

兄之良　傷

兌之艮　杜

乾　坎　艮　震

龍待夏

鴛鴦驚散兩地愁　尅去妻宮是屬牛
蘭房再配屬蛇相　方許齊眉到白頭
大運交到酉字中　祿馬暗拱三奇星
職位陞遷官星旺　玉階獻策奏鴻功
五行命理先賢留　卦爻之上仔細求
若是此刻生人正　母親屬馬父屬牛

巽離坤兌

八字推算理數真　父命屬雞壽如松
配定老母屬馬相　閆王路上不回程
堂上雙親同一相　算來皆是屬小龍
命宮榮耀吉星照　雙親有壽到百春
夫居主定半路分　庚相原是屬蛇人
月老錯配姻緣簿　搔首唏噓守節貞
嶺上陽回已放梅　孟冬雪降小春歸
生長十月二十日　辭離母親在羅幃

兌之艮　柱

乾 坎 艮 震

兑之艮　　景

姐妹宮中仔細詳　花開桃杏各爭香
次序排定人五箇　不是同母你居三
堂上雙親壽不齊　父命原來是屬雞
母親定就屬虎相　閻王路上苦悲啼
柱中若逢乙丑運　否泰不同事多端
上五年龍能治水　下五年土裡埋藏
蘭桂庭前喜氣生　卦中推算最分明
父親冲亥屬蛇相　母親冲巳豬歲人

巽

卦中之理仔細求　全憑時刻兩相投
試問人間親庚相　母命屬鼠父屬牛

離

仲秋交節白露臨　八月二十好生辰
命中主定吉星照　晚景悠悠百福臻

坤

運交已酉非等閒　增職加官名姓揚
為民父母多奇政　盛世循良龔與黃

兌

十七八歲一无大咎

兌之艮　景

兑之艮　死

乾　坎　艮　震

八字生來造化全　陰陰注定在先天
知君四十六歲上　身遊泮水光祖先
孟冬天氣小陽春　嶺上寒梅紅粉綻
生保正當閏十月　上旬初六下天宮
庚日辛巳時上清　仕途身入有芳名
旌旗耀彩人爭羨　宮花插帽拜君恩
推君貴造幾時生　六月十二寒蟬鳴
天宮賜下紅鸞喜　雙雙父母謝神靈

巽 日將落兮影又斜　卦爻推定理無差
試問人間親庚相　兩命原來俱屬蛇

離 十七八歲小有悔

坤 運行己丑主不安　閑非閑事損財源
若要平樂享清福　除非交王下五年

兌 海棠枝上色更紅　合主小喜到門庭
母年正交二十歲　生你如同掌上珍

兌之艮　死

兌之艮 驚

運行己丑不可當 馬到江邊虎出山

破財疾病心不遂 日夜思量受熬煎

人生殘疾不一般 雙目無明淚不乾

天上三光無所見 元宵燈火聽人言

桃柳生輝半夏香 庭前丹桂吐芬芳

妻宮年交二十四 蘭房之內產童男

乾 坎 艮 震

十七八歲无咎

巽　離　坤　兌

丹桂堂前緣映紅　石榴花放子規鳴
蟠桃枝上結成菓　算定四月二十生
韶光易邁春又長　日升月沒催年殘
大限九十加一歲　夢入南柯永不還
乙日巳時更豐隆　人財興旺福無窮
世食天祿人多羨　殿陛之上奏奇功
大運己酉主和平　無凶無吉甚安寧
鳥飛雲表無塵起　馬走長途不計程

兌之艮　驚

兑之艮　　開

后天斷定父母宮
父親原來是火命
綠楊枝上子規鳴
生長二月二十日

巽　離　坤　兑

艮卦之內仔細求
母親屬馬添延寿
行年五十五歲春
一身闖入虎狼寨

慈母生在蛇年中
丹桂庭前景色新
桃李爭妍色更紅
父母堂前添了丁
父爻不旺值休囚
魁去老父是屬牛
凶多吉少暗昏昏
雙手撥開是非門

巽 十七八歲永貞吉

行運交來巳酉中　月為雲被不光明

離 十年之內且韜晦　出得此途大豐盈

鴛鴦相會叶同盟　二十四上子降生

坤 此命主定添人口　子息宮中喜事逢

運行巳丑主災星　多主口舌事難明

兌 出入經營多阻滯　財帛耗散一場空

兌之艮　開

蹇

后天坎之艮

坎之艮　休　一

乾
大運辛丑最發興　民之父母有遠声
敕賜显光君命重　褒揚三代祿加增

坎
淒親之相坎卦藏　母氏属鼠在高堂
君問父在何宮內　蛇年降體定非凡

艮
乾坤位上數不同　剋去母氏属牛人
父親也是屬牛相　松竹寒梅雪裏清

震
此刻生人定命宮　子命定是火與金
若是錯在木土歲　不日便去見閻君

巽　雙親之相卦中知　前生已定不可移
若問二親何年立　毋是屬猪父屬雞

離　二十五六尤大咎

坤　運交已定吉凶　卦象原來有異同
工五年尚有暖氣　下五年滴水成冰
牡丹花開朶朶紅　姐妹八人不一娘

兌　若問女命居前位　次序推來你是三

坎之艮　休

二

坎之艮 生

二

乾

乙巳運交不可誇，是非未饒亂如麻。
若要心閒無憂慮，下五年中喜事加。
若問雙親何歲生，刻交之內定分明。

坎

父親丙歲屬雞相，配定母氏屬蛇人。

艮

日躔析木水始冰，斗柄建亥小陽春。
閏十月內二十六，定然落地是母親。

震

二十五六不有悔

巽 天地人元分五行 格局清奇大超群
官居外簾重一品 巡撫部院職位尊

離 夜來一夢見祥光 虺蛇入夢早流芳
若問女命何日降 母親二十四歲間

坤 庚日酉時貴無邊 清奇格局不須言
丑食天祿遐君既 福祿攸同壽綿綿

兌 經籍詩書蘊腹中 耋考不第貧恐心
年交五十魁星照 得意洋洋入泮宮

坎之艮 生 三

坎之艮　傷三

乾
乙酉日時主貴星　不待科甲身自榮
皇王廟上見光被　居官清潔有声名

坎
學問精奇立志强　文心妙悟本非凡
鰲頭独占声名遠　帽插宮花狀元郎

艮
此刻生人心最靈　形容不美怨天公
若非聾啞背殘疾　定然早歲見閻君

震
此命壽長似老彭　何年何日去归陰
八十六上作大夢　去到黃泉入土中
郊

巽 二十五六元咎

離 運行辛丑仔細求
不浪不激悠悠去

坤 卦爻算就見無宮
妻到交至二十八

兌 運交己巳數落空
狀馬打入連崖站

坎之艮 傷又

正黃河入海流似（似）
平安無事度春秋
夜泊一夢兆羆熊
生子欣欣畫堂中
多般阻滯不順情
船到江心起暴風

坎之艮 杜乂

乾

雨后逢春色更鮮 二十八歲子初泰

一朝得際風雲會 世主榮華福祿全

坎

二十五六永貞吉

艮

第二

女命生來數多窮 第 掘井無泉空自傷

令生願結來生好 三 下 方能好事遂心腸

震

第三

運交本丑卦中詳 第 喫齋把素出紅塵

二

勸君閑尺苦中苦 下 古佛堂前去点燈

巽八　五十八九不如高　禍事臨門自己招
十層浪裡舟久穩　雪裡凝冰恨怎消

離　運行已已數多差　半晴半謝雨中花
此命十年不遂意　好似風燭不由他

坤　坤卦推算父母宮　父親蛇相壽先終
慈母屬馬樂旺景　寒房独自守孤燈

兑　父親之卦命中觀　父定大火是前緣
老母他是屬鷄相　卦交推算不虛言

坎之艮　杜幺

坎之艮 景 幺

乾 雙親庚相數不同 屬蛇之父命归陰
留下老母屬鼠相 独對孤燈淚話巾

坎 五九六十氣象昌 豐衣足食有餘粮
更有喜事從天降 福祿康寧永保祥

艮 姻緣之后又姻緣 娶下妻宮命不堅
今生定要尅七个 長叶短嘆怨蒼天

震 運行己巳主榮華 進喜添財福祿加
蛟龍海底生頭角 猛虎山中換爪牙

巽 運交辛丑財祿盈　百事如意大遂心
衣帛食肉分中定　無用勞勞求利名

離 玉兔東昇又沒西　妻宮原是屬雞相
定就今生山下火　月落又去聽猿啼

坤 父親之內有悲啼　先去嚴君相是雞
老母屬猪松栢壽　在堂哀悼受孤棲

兌 命禀天地不差移　身宮主定已先知
若問你身何日降　父交二十八歲特

坎之艮　景上

坎之艮　无上

乾　后天卦上細推敲　母氏屬蛇壽源高
老父屬鷄面平降　及命身已到黃郊

坎　運走辛丑數久遠　官詞口舌到門庭
若不忍耐財源損　暗地躊躇有悔心

艮　后天卦上定的清　算君必是帶破身
五行四柱無傷損　只是吾斷話不明

震　急風吹落並頭蓮　主定妻宮不得全
尅過佳人先一个　再娶屬鷄保平安

巽　運交己巳歲月強
更喜榮華從天降
離　一對鴻雁望瀟湘
兄弟二人同一母
坤　坤動純陰缺少陽
若問今生見合女
兑　乾坤仔細推求
父親已定小記相
坎六艮　无上

門庭喜慶事多添
陰雲退去呈三光
嘹嘹嚦嚦過長江
算來君居第一行
虺蛇入夢小祥當
頭胎壽厄不成璋
母命屬馬永無憂
永遠相守頭白頭

坎之艮 驚上

乾 命歲流年數不通 纏身疾病十分凶
運際土星方保命 不然不命去归陰

坎 坎卦之內定吉凶 今生受然福氣洪
長子立就屬蛇相 丹桂庭前長丙丁

艮 女運行至辛酉間 艮卦逢之主吉祥
滿门喜慶從天降 倉箱鼠入有餘糧

震 棠棣花開枝葉青 手足宮中配五行
工有二兄下二弟 君家正是在當中

巽

四柱之中仔細詳　妻宮屬羊命不長
再娶佳人屬鷄相　方得偕老到百年

離

后天查對父母宮　父親屬蛇巳年生
慈母註就屬鼠相　壽比南山四皓公

坤

財帛盈門

兑

母親生在亥年間　相是豬今壽源長
老父定主屬鷄相　與母同登不老山

坎之艮

驚乡

坎之艮 渕上爻

乾 龍蛇蟄

益蒂蓮花緣放開 忽遭風雨暗相摧

坎 妻宮剋去屬牛相 再娶屬鷄喜自來

大運交至丑土中 官星暗昧減光明

艮 命中敢雜顛倫處 惡色加臨禍不輕

斑衣佳會慶高堂 年邁遐觀勢內詳

震 嚴父屬蛇巳年降 慈母系歲下塵凡

巽　兄弟原來是屬羊
嚴父屬牛命沖未
離　離卦之中定二親
兄弟不亂天已定
坤　此字今生主悶悽
孤煢獨坐生煩惱
兌　白鐵青蚨為國宝
呈色銀平非我定
坎之艮　閒文

此命算定沒西方
看養蘭桂滿庭孫
父親本是屬雞人
夫妻偕老百年春
男宮尅去定為雞
一對死史兩處離
經營在市費精神
錢隨市價不由人

后天坤之艮

謙

坤之艮 休 一

良驥呈材材

乾

雲迷雁陣飛難續　雨打鴛央頸不交

佳人蚪去屬羊 伯　再娶屬猪命堅牢

坎

嗣息多少是前因　后天配內定得真

艮

長男五定屬羊相　丹桂庭前二子成

震

叟親佐工仔細詳　父命屬鼠母屬羊

二人今世皆有寿　福祿攸同百歲強

巽 高飛鴻雁排成群　手足宮中定併清
生辰原是一个母　下有四弟上無兄

離 卦文推算理不殊　雙親之命皆屬豬
若問今生寿長短　直與叔伯兩相如

坤 大運辛亥最可誇　喜慶臨門定起家
胸中不生煩惱事　春夏秋冬永不差

兌 父母是愛如珍寶　誰知此命不成人
五歲未滿閻君喚　悠悠蕩蕩去歸陰

坤 六良 休

二

坤之艮 生 二

乾 夫君錯配屬猪人 未到百年他已終
留你在世苦心守 衾寒枕冷淚長垂

坤 定就母命是屬羊 未到百年壽先亡
椿堂屬兔來晚景 獨養蘭桂振家光

艮 花正開時爭艷冶 連宵風雨又披離
屬牛之婦西天去 后續猪相始為奇

震 乾坤二爻皆健旺 父命屬猪母屬蛇
壽元可比南山老 日過午時影又斜

巽 天機本在卦中藏　五行之內細推詳
卜就人間親庚相　母以屬馬父屬羊

離 今日糴了八石五　明日糶了十石三
囤積居奇多積粟　何論米麥與高粱

坤 大運交來卯木中　官星衰敗禍頻生
蹉跎顛險難如意　惹氣丟財不遂心

兌 弓待弦

坤之艮　生　三

坤之艮　　傷川

大運辛卯祿馬强　名利齊來意氣揚
望喜貪高增爵秩　幹貞卓異定家邦

乾

五行之內細推詳　洩盡天機無處藏
豫定雙親是何相　母為鼠相父為羊

坎

誰知母命不可留　庚相原來是屬牛

艮

配定老父屬兔者　獨自鼓盆淚長流

震

此刻生人定命宮　子立水土要刑冲
惟有金火能長大　若是木命半路崩

巽五行之內仔細尋　天機洩出畏雷公
乾坤喜遇同一位　雙親並在猪年生
离二十九三十无大咎
坤己未運仔細推查　彖爻內凶吉交加
上五年青松翠竹　下五年敗柳殘花
兌玉蕊花開朶朶香　姐妹九人不一娘
數中前定你居七　各自宜家門戶光
坤之艮
傷
父

坤之艮　杜乂

乾
已未運中仔細觀　凶吉原來不一般
上五年破車折軸　下五年寶馬金鞍

坎
排就八字輪五行　雙親之相定得真
父命生於猪歲上　母氏降在蛇年中

艮
朔風凜凜正隆冬　独有寒梅帶雪馨
生你定閏十一月　初六靈胎落地中

震　二十九三十小有悔

巽 八字清秀祿高奇 此命主貴大人知
位高貴重多功績 從二品居布政司
離 堂前香桂正芬芳 丑交二十六歲間
女命悠了降在世 弄瓦之喜是小祥
坤 庚日亥時大異常 门盈車馬姓名揚
登上仕途人共仰 朝中許你伴君王
兌 功名有分終須晚 英 英年缺少上天梯
年限交至二十五二 脫白換藍入泮池
坤之艮 杜 女

坤之艮　景　幺

乾
乙日亥時非善閑　今生主定姓名揚
食祿千鍾人共羡　功名富貴兩相當

坎
八字清奇祿馬強　聰明天賦大超凡
廚識文章高天下　榜眼及第姓名揚

艮
身邊常破大異人　不是啞來不是聾
嘴上缺得一塊肉　出言吐語定走風

震
令生主定壽元長　八十八歲赴天堂
家財留與后人用　那能隨到鬼門關

巽 二十九三十元咎

离
爻至辛卯卦逢奇　陰陽和順報君知
走得十載平常路　不論否太大猶疑

坤
嗣息遲早原有定　人生難得強求成
佳人年交三十整　見郎喜立命源通

兑
運交己未事多差　半開半謝雨中花
想入巨海船已破　欲上高山力不加

坤之艮　景上

坤之艮 亥上

乾 人生有子萬事與 何時夢兆應羆熊
年甲滿了五个六 方得見郎長一丁

坎 二十九三十永貞吉

艮 造主定晚歲貧 不為道業不為僧
喫得却是僧道飯 觀庵寺廟去鳴鐘

震 運行午交辛卯中 正似日出雲霧朦
待得天宮開脈轉 萬里程途一旦行

巽六十三數不高　金銀宝玉一齊消
危難即在運裡帶　艱辛盡是命中招
離己未運交事多艱　百花開放冷霜傷
九仞井下推名易　千尺竿頭進步難
坤復親之命父屬羊　及今身已赴天堂
留下嬌母孤單守　生命原來屬歲洵
兌復親位上爻象晦　兌卦之內細推尋
地二生數父命火　慈母生在豬年中
坤之艮　死
上

坤之艮 鼇篇 上

乾
父命屬羊祿不增 巳入黃郊一土中
高堂幸有皇母在 衾寒枕冷享遐齡

坎
六十三四數最通 人逢喜氣倍精神
矢穿乙丑最有力 三箭天山一掃平

艮
朱弦屬換曲難終 八箇佳人皆去陰
也是前生命如此 何必空房起怨嗟

震
運交巳未百事祥 陰雲退去是三光
幸喜天宮陽脈轉 却有梅花撲鼻來

巽
運交辛卯事不多　東來西去莫奔波
受尽辛勤頭漸白　身心方始得安和

離
姻緣講工仔細詳　夗央交頸在蘭房
佳人丁亥屬猪相　屋上土命豈為強

坤
乾坤喜遇同一位　雙親兩命皆屬猪
欲見母兮悠悠在　欲見父兮杳杳無

兌
夜間一夢庭罴熊能　弄璋之喜到门庭
父年壬當六个五　你命推於降凡塵

坤之艮　燕去

坤之艮　閙三

排定八字論五行　椿萱位上定吉凶

乾　嚴君屬豬先下世　留下屬蛇老母親

辛外運中不爲高　官符壓住禍事招

坎　口舌訟端常是有　勸君忍耐暗中消

這幾年來數不通　一身跌入面糊盆

艮　從前作事都忘盡　言語顛狂枉罵人

鷗鷺滿池風雨急　也驚疑散不同林

震　妻宮定要尅一个　再娶屬豬方道成

巽
己未運中仔細求　名途利路景悠悠
上五年細流作海　下五年積土成邱

離
鴻雁翔群夜半鳴　手足宮中定術清
兄弟二人身居小　却是同胞一母生

坤
卦爻定命理昂明　后男先女主峥嶸
令生若是先立子　遂許和尚異道人

兑
乾坤二爻居旺地　雙親一定享遐齡
慈母屬兔居卯位　嚴父屬羊守未宮

坤之艮　閣文

小過

後天震之艮

震之艮　休

乾
乙日癸未時非常　聲名必定震帝邦
不借文章誇富貴　朝中食祿伴君王

坎
靡草死兮王瓜生　紫燕穿簾畫堂鳴
四月已盡三十日　靈胎落地見雙親

艮
身邊帶破人共知　生得兩腿不相齊
若是出門赴長路　一步高來一步低

震
前世神前燒下香　今生必定壽源長
八十四歲如春夢　一陣狂風吹上天

巽 離 坤 兌

二十一二歲无咎

運行已亥問何如　惡煞臨身險難多
幸君素行極力守　免得平地起風波
滿園花放沾雨露　對對蝴蝶鬧斜陽
妻宮行年二十六　生子傳家壽命長
運行已卯禍重重　口舌來臨不得寧
家門險阻人災病　作事顛倒受憂驚

震之艮　休

震之艮　生

乾

陽和乍動起春光　蘭出芳芽吐異香
年交三八零二歲　生子傳家壽命長

地

二十一二永貞吉

艮

桃紅似火柳如煙　草木森森色更鮮
二月生辰三十日　一門之內喜冲天

震

運行已亥水初生　涓涓不絕勢將洪
不久激浪成滄海　任有漁翁下釣針

巽離坤兑

五十四五大不祥　好是衰草遇嚴霜
災害及身心難遂　定主二年有憂驚
運交己卯欠亨通　十年之內不遂情
好花正開遭冷雨　駕舟入海起狂風
卦下坤上推算主分張　進親位上有尅傷
父命屬兎先去世　慈母屬馬守孤孀
進親位上細推詳　母命原來是屬羊
天乙生數父命伏　月到中秋分外光

震之艮　生

震之艮　傷

乾 坎 艮 震

母氏屬鼠在子宮　精神爽健歲月深
父命冲酉屬兎相　去到黃泉不轉程
五十五六流年通　出入長逢好朋友
作事順利無阻滯　好花帶雨色愈紅
鴛鴦戲水碧波間　漁人驚散幾多番
佳人一定尅六个　淚洒衣襟袖不乾
運行巳卯漸漸昇　家道和合百福增
凡事通達精神爽　求謀遂意姓名洪

巽

運行交到巳亥中　問利求名已遂心

離

且卧西窗安枕穩　不必焦勞枉費神

生來八字本非輕　草木逢春色更新

妻宮屬羊丁未相　天河水命家道成

坤

慈母生在亥年間　相是屬猪壽命長

嚴君冲丑屬羊相　西遊駕鶴不還鄉

兑

一門福壽定天生　牡丹枝上葉青紅

父交二十零六歲　君身降世見紅塵

震之艮　傷

震之艮　杜

乾　坎　艮　震

母氏原是屬蛇人
老女冲丑屬羊相
交到巳亥事多凶
吞聲阻滯心納悶
陰陽交錯不相和
五官四體無傷損
折散鴛鴦兩地分
妻官主定尅一个

今生一定享遐齡
已入黃郊一土中
駁雜不遂不離門
小人打攪禍災深
母胎受氣應偏過
命中帶定指頭多
衣襟洒淚悲同盟
再娶屬羊保寿終

巽

運行已卯喜氣生　凡事謀為自天成
家門康泰多吉利　十年之內百福增

離

推算此刻定高強　手足宮中有兩進
次序之中你居小　有兄無弟是同娘

坤

天邊鴻雁又來賓　菊花開綻滿園紅
閏九月生三十日　進親香酒謝神靈

兌

八字之中定得清　父命中酉屬兔人
生身老母屬馬相　松柏森森幾度春

震之艮　杜

震之艮 景

乾 一年將盡此宵中 你命天仙送到塵
臘月正當三十日 雙親歡喜謝神靈

坎 斷定子息是前因 長男生在兔年中
一對仙鶴空中舞 承先啟后共兩丁

艮 運行辛未最為奇 一片風光樂有餘
花開正遇三春景 人皆興旺百福齊

震 手足宮中定得清 兄弟九人一母生
次序之內你為四 下有五弟上三兄

巽

尅過妻宮是屬羊　重婚娶婦未年間
此命皆因前世定　合該二羊配命長

離

嚴君原是兔年生　慈母屬鼠福寿增
幸有清風明月在　更如楊柳遇春風

坤

克敵賀功

兌

父母宮中命有殊　老母原來是屬猪
嚴君已定屬羊相　攸同福祿享居諸

震之艮　景

震之艮　死

鳥養翼

乾　坎　艮　震

忽然琴瑟嗟斷絃　妻宮屬牛命不堅
重婚再配屬羊相　永結同盟享百年
大運亥水最為祥　承恩數上殿陛間
至尊見愛多分賞　良吏聲名遠近傳
六爻卦變兩相分　屬兔之年生父親
配定慈母屬馬相　后天斷定無改更

巽

四柱排定論命宮　二親之內犯刑沖
母命屬馬光陰短　父親猪歲壽長生

離

父命斷定是屬羊　母屬小龍在高堂
青松古柏長春樹　晚景榮華福祿強

坤

鴛鴦相配不到頭　夫君屬羊命難留
矢志靡他共姜操　孤孀獨守淚長流

兌

嶺上梅花應小春　花開雪裡更青紅
借問元辰何日是　十月二十下天宮

震之艮　死

震之艮　　驚

乾　坎　艮　震

乾卦推算度數詳
手足宮中定高強
姐妹六人你居四
原來不是一个娘
卦中之理細推詳
亂母必定命先亡
十四風山嚴父寿
命為猪相百年長
巳卯運敗裡星祥
艮卦內推算多端
上五年登天有路
下五年入地無關
日落西山又復東
格局排定論五行
母親猪相無移易
嚴君定是羊年生

巽
八字排定論五行　二親之相定得明
椿庭屬兎卯年降　萱堂屬鼠子年人

離
時值中秋白露天　金風送暑雁南旋
生辰八月三十日　進親堂上笑顏添

坤
運交巳亥最興隆　聲名直達帝王京
冰清玉白多卓異　蔭妻封子職加增

兑
二十一三无大咎

震之艮　鷩

震之艮　開

乾

最愛甘羅發達早　豈願太公得意遲
君年交至四十八　方許採芹入泮池

坎

天地閉塞已成冬　飄飄瑞雪滿乾坤
生辰必在閏十月　中旬十六降君身

艮

庚日癸未時上詳　胸藏豪氣吐光芒
辛得風雲雷雨會　聲名定達帝王邦

震

腐草為螢六月天　青雲丹桂立堂前
生辰已定三十日　合家歡喜自安然

巽

后天卦上細推詳　人生在世空自忙

請君靜聽椿萱相　母命屬蛇父屬羊

離

二十二小有悔

坤

大運交臨巳卯間　崎嶇多路在高山

上五巳字雲遮日　下五卯字月顯光

兌

女命何日下瑤臺　好似天仙送下來

母年正交二十二　桃杏爭妍花自開

震之艮　開

归妹

後天震之兑

震之兑　休

日躔實沈螻蟈鳴　斗柄輪迴建巳宮
四月上旬初七日　父母堂前定添丁
女命若問何時降　準父親命内仔細推
母年四十六歲上　脱離胞胎到羅幃
八字之中定寿年　何時辭世去归天
大忌五十六歲上　一夢悠悠到九泉

乾坎艮震

癸卯運中卜休咎　水受尅兮木主生
癸字五年天昏暗　卯字五年木向榮

巽

巽卦之內主文明　學業精奇飽腹中
流年交至二十四　定入黌門去採芹

離

壬日未時貴無窮　今生必是人上人
腰金衣紫身榮顯　食祿千鍾各姓通

坤

三十七八先喜後否

兌

日躔星紀是仲冬　虎始交兮鶡不鳴
閏十月內十八日　脫離母胎到凡塵

震之兌　休

震之兑 生

乾 三十七八元吉

坎 運行支至癸亥中
縱橫順逆無狂浪

艮 八字之中寿元高
直至一百零八歲

震 丁日丁未時上高
不比尋常凡俗品

水流江漢漸而平
不主吉兮不主凶
松年鶴寿樂逍遥
始離人世赴陰曹
身穿錦繡紫金袍
登雲直上九重霄

巽

運行癸卯百事凶　滿天雲霧蔽月明
破財災患心頭悶　也有疾病暗侵身
花開結子實奇珍　東君積德又積陰

離

妻年正交一十五　洞房之內產兒童

坤

二十二一流年差　災禍紛紛亂似麻
古鏡不磨塵土蔽　謀為顛倒不為佳

兌

一色杏花紅十里　斗柄輪迴建卯宮
生辰二月初七日　父母堂前添了丁

震之兌　生

乾　坎　艮　震

震之兑　　傷

二十一二流年美　正是花開遇雨時
桃紅李白多燦爛　財祿盈門定根基
癸卯運中欠和平　必有災禍來及身
舟行江內風浪起　四望無人少救星
運行初值癸亥位　艮卦不發少年人
譬如為山須努力　何難川澤作卯陵
神前夙世早燒香　五十年間主吉祥
夜間偶得熊羆夢　喜生一子在蘭房

巽離坤兌

巽卦之內定原因　父親之命地四金
配合慈母屬何相　后天斷定屬羊人
母命原來是屬猴　寿如松柏景悠悠
老父冲酉屬兔相　黃泉已入不回頭
流年五十六七間　災禍重重重如山
有心渡過長江水　無奈缺舟又火船
四柱排列定命宮　子息多火是前因
八箇兒郎天賜福　內中有位貴星臨

震之兌　傷

乾 坎 艮 震

震之兑　杜

五十六七流年豐　定有喜事到門庭

農夫樂得困時雨　三日甘霖五穀成

鴛鴦相會在江渚　緣分全憑月老成

妻宮命是路旁土　辛未年生羊相人

運交癸卯最為奇　正是春園落雨時

好花枝上添紅色　實獲其材慶有餘

母氏若生虎歲中　壽比南山不老松

父親沖酉兔年長　定作黃泉路上人

巽離坤兑

花開花謝幾枝長　丹桂庭前暗吐香
父年正交五十整　你命挺然到人間
黃花開放暮秋天　鴻雁南飛對對連
閏九月當初七日　你命一定降塵緣
運交到得癸亥位　蹊鼠積粟穴中盈
三冬雨雪經多少　不怕饑寒不受驚
架上架下無寧日　手執灰板又那磚
能登高樓兼大廈　區區何況小墻垣

震之兑　杜

乾 坎 艮 震

震之兌 景

運交癸亥欠和平
必有官詞口舌臨
駁雜難艱顛險處
勸君要到存心
手足宮中有兩雙
生身同父又同娘
次序排定你居四
氣吐長虹門户光
結髮佳人命不長
再娶又要上天堂
岳夫認了第三位
偕老之妻是屬羊
大雪紛紛梅味香
洞房之内產兒郎
若問生辰是何日
臘月初七下塵凡

巽 父親沖酉居卯宮 後天斷定屬兔人
老母沖寅屬猴命 均享遐齡壽似松

離 鼓琴遇知音
運六爻癸卯大異常 桃紅李白味奇香

坤 問利求名皆如願 金滿箱籯粟滿倉
女運六爻至乙卯間 三春花柳發紅顏

兌 更得天上合時雨 喜笑盈門氣自長

震之兌 景

震之兑　死

長子若生兔年中　後有二子到門庭
此是後天真實數　推來不差半毫分
二親之象定得明　母氏冲申虎歲生
老父屬兔無錯謬　福祿修同壽百春
後天斷定兑弟宮　一母同胞有九人
數中已就身居六　各吐懷抱振門庭

乾　坎　艮　震

大案田累身

巽離坤兌

日躔析木水始冰　雉入大水化為蜃
生長已定十月内　上旬初七下凡塵
月老配就好姻緣　係足赤繩異姓聯
算來夫婦同一相　冲酉生身在兔年
錯配屬雞命不牢　算來今已入黄郊
再娶屬羊為夫婦　情如漆固意如膠
思量暗地苦淒淒　及到場中却又迷
寶骰紙牌心裡愛　那管後日食和衣

震之兌　死

震之兑　鶩

乾

月老錯配好姻緣　屬兔佳人命不堅
重婚再娶屬羊婦　一枕鴛鴦到百年

坎

鴻雁南飛景色涼　蘆花深處叫聲忙
生辰主定八月內　上旬初七到人間

艮

五行命理先哲留　進親位上細推求
后天斷定無錯謬　父是屬虎母屬猴

震

梨花朵朵粉粧成　姐妹宮中有四人
數中定你身居二　生身不是一母親

巽　三十七八先否後喜

離

夫君命定是屬羊　未到百年先已亡
前生已就該如此　何必吞聲怨彼蒼

坤

母氏推就屬猴相　卦落休囚入土中
老父屬猪無差謬　寿比南山四皓翁

兌

大運亥水欠和平　官爵蹭蹬不顯名
正似浮雲遮皓月　小心忍耐免憂驚

震之兌　驚

震之兌　開

乾　母命屬虎受尅刑　陽世之上影無踪
老父屬猪無錯謬　壽比南山不老松

坎　三十七八静凶

艮　日躍鵾失温風至　腐草為螢大雨行
生辰已定六月内　上旬初七下凡塵

震　婆娑蝴蝶下瑤臺　姐妹六人一並來
數中已定身居小　不是同母降塵埃

巽離坤兌

卦爻配合天地人　陰陽變化本無窮
若問女命何日降　火年正交十八春
運交癸亥大有名　洋溢聲名達帝京
牧民善施羊祜政　羨君一笑比河清
進親之相坤卦詳　母親生在虎年間
若問父爻配何命　兔歲降體可推源
癸卯運中定否泰　水木原來不相同
上五年雲中有雨　下五年土裡埋金

震之兌　開

占筮類			
1	擲地金聲搜精秘訣	心一堂編	沈氏研易樓藏稀見易占秘鈔本
2	卜易拆字秘傳百日通	心一堂編	
3	易占陽宅六十四卦秘斷	心一堂編	火珠林占陽宅風水秘鈔本
星命類			
4	斗數宣微	【民國】王裁珊	民初最重要斗數著述之一；未刪改本
5	斗數觀測錄	【民國】王裁珊	失傳民初斗數重要著作
6	《地星會源》《斗數綱要》合刊	心一堂編	失傳的第三種飛星斗數
7	《斗數秘鈔》《紫微斗數之捷徑》合刊	心一堂編	珍稀「紫微斗數」舊鈔秘本
8	斗數演例	心一堂編	
9	紫微斗數全書（清初刻原本）	題【宋】陳希夷	斗數全書本來面目；有別於錯誤極多的坊本
10-12	鐵板神數（清刻足本）——附秘鈔密碼表	題【宋】邵雍	無錯漏原版 秘鈔密碼表 首次公開！
13-15	蠢子數纏度	題【宋】邵雍	蠢子數連密碼表 打破數百年秘傳 首次公開！
16-19	皇極數	題【宋】邵雍	清鈔孤本附起例及完整密碼表 研究神數必讀！
20-21	邵夫子先天神數	題【宋】邵雍	附手鈔密碼表 研究神數必讀！
22	八刻分經定數（密碼表）	題【宋】邵雍	皇極數另一版本；附手鈔密碼表
23	新命理探原	【民國】袁樹珊	子平命理必讀教科書！
24-25	袁氏命譜	【民國】袁樹珊	
26	韋氏命學講義	【民國】韋千里	民初二大命理家南袁北韋
27	千里命稿	【民國】韋千里	
28	精選命理約言	【民國】韋千里	北韋之命理經典
29	滴天髓闡微——附李雨田命理初學捷徑	【民國】袁樹珊、李雨田	命理經典未刪改足本
30	段氏白話命學綱要	【民國】段方	民初命理經典最淺白易懂
31	命理用神精華	【民國】王心田	學命理者之寶鏡

32	命學探驪集	【民國】張巢雲	發前人所未發　稀見民初子平命理著作
33	澹園命談	【民國】高澹園	
34	算命一讀通——鴻福齊天	【民國】不空居士、覺先居士合纂	
35	子平玄理	【民國】施惕君	
36	星命風水秘傳百日通	心一堂編	
37	命理大四字金前定	題【晉】鬼谷子王詡	源自元代算命術
38	命理斷語義理源深	心一堂編	稀見清代批命斷語及活套
39-40	文武星案	【明】陸位	失傳四百年《張果星宗》姊妹篇　千多星盤命例　研究命學必備
相術類			
41	新相人學講義	【民國】楊叔和	失傳民初白話文相術書
42	手相學淺說	【民國】黃龍	民初中西結合手相學經典
43	大清相法	心一堂編	重現失傳經典相書
44	相法易知	心一堂編	
45	相法秘傳百日通	心一堂編	
堪輿類			
46	靈城精義箋	【清】沈竹礽	沈氏玄空遺珍　玄空風水必讀
47	地理辨正抉要	【清】沈竹礽	
48	《玄空古義四種通釋》《地理疑義答問》合刊	沈瓞民	
49	《沈氏玄空吹虀室雜存》《玄空捷訣》合刊	【民國】申聽禪	
50	漢鏡齋堪輿小識	【民國】查國珍、沈瓞民	失傳已久的無常派玄空經典
51	堪輿一覽	【清】孫竹田	
52	章仲山挨星秘訣（修定版）	【清】章仲山	章仲山無常派玄空珍秘　門內秘本首次公開　沈竹礽等大師尋覓一生未得之珍本！
53	臨穴指南	【清】章仲山	
54	章仲山宅案附無常派玄空秘要	心一堂編	
55	地理辨正補	【清】朱小鶴	玄空六派蘇州派代表作
56	陽宅覺元氏新書	【清】元祝垚	簡易・有效・神驗之玄空陽宅法
57	地學鐵骨秘　附　吳師青藏命理大易數	【民國】吳師青	釋玄空廣東派地學之秘
58-61	四秘全書十二種（清刻原本）	【清】尹一勺	玄空湘楚派經典本來面目　有別於錯誤極多的坊本

62	地理辨正補註　附 元空秘旨　天元五歌　玄空精髓　心法秘訣等數種合刊	【民國】胡仲言	貫通易理、巒頭、三元、三合、天星、中醫
63	地理辨正自解	【清】李思白	公開玄空家「分率尺、工部尺、量天尺」之秘
64	許氏地理辨正釋義	【民國】許錦灝	民國易學名家黃元炳力薦
65	地理辨正天玉經內傳要訣圖解	【清】程懷榮	秘訣一語道破，圖文并茂
66	謝氏地理書	【民國】謝復	玄空體用兼備、深入淺出
67	論山水元運易理斷驗、三元氣運說附紫白訣等五種合刊	【宋】吳景鸞等	失傳古本《玄空秘旨》《紫白訣》
68	星卦奧義圖訣	【清】施安仁	
69	三元地學秘傳	【清】何文源	
70	三元玄空挨星四十八局圖說	心一堂編	三元玄空門內秘笈　清鈔孤本 過去均為必須守秘不能公開秘密 與今天流行飛星法不同
71	三元挨星秘訣仙傳	心一堂編	
72	三元地理正傳	心一堂編	
73	三元天心正運	心一堂編	
74	元空紫白陽宅秘旨	心一堂編	
75	玄空挨星秘圖　附 堪輿指迷	心一堂編	
76	姚氏地理辨正圖說　附 地理九星并挨星真訣全圖　秘傳河圖精義等數種合刊	【清】姚文田等	
77	元空法鑑批點本——附 法鑑口授訣要、秘傳玄空三鑑奧義匯鈔　合刊	【清】曾懷玉等	蓮池心法　玄空六法 門內秘鈔本首次公開
78	元空法鑑心法	【清】曾懷玉等	
79	曾懷玉增批蔣徒傳天玉經補註【新修訂版原（彩）色本】	【清】項木林、曾懷玉	
80	地理學新義	【民國】俞仁宇撰	
81	地理辨正揭隱（足本）　附連城派秘鈔口訣	【民國】王邈達	
82	趙連城傳地理秘訣附雪庵和尚字字金	【明】趙連城	揭開連城派風水之秘
83	趙連城秘傳楊公地理真訣	【明】趙連城	
84	地理法門全書	仗溪子、芝罘子	巒頭風水，內容簡核、深入淺出
85	地理方外別傳	【清】熙齋上人	巒頭形勢、「望氣」「鑑神」
86	地理輯要	【清】余鵬	集地理經典之精要
87	地理秘珍	【清】錫九氏	巒頭、三合天星，圖文並茂
88	《羅經舉要》附《附三合天機秘訣》	【清】賈長吉	清鈔孤本羅經、三合訣法圖解
89-90	嚴陵張九儀增釋地理琢玉斧巒	【清】張九儀	清初三合風水名家張九儀經典清刻原本！

91	地學形勢摘要	心一堂編	形家秘鈔珍本
92	《平洋地理入門》《巒頭圖解》合刊	【清】盧崇台	平洋水法、形家秘本
93	《鑒水極玄經》《秘授水法》合刊	【唐】司馬頭陀、【清】鮑湘襟	千古之秘，不可妄傳匪人
94	平洋地理闡秘	心一堂編	雲間三元平洋形法秘鈔珍本
95	地經圖說	【清】余九皋	形勢理氣、精繪圖文
96	司馬頭陀地鉗	【唐】司馬頭陀	流傳極稀《地鉗》
97	欽天監地理醒世切要辨論	【清】欽天監	公開清代皇室御用風水真本
三式類			
98-99	大六壬尋源二種	【清】張純照	六壬入門、占課指南
100	六壬教科六壬鑰	【民國】蔣問天	由淺入深，首尾悉備
101	壬課總訣	心一堂編	過去術家不外傳的珍稀六壬術秘鈔本
102	六壬秘斷	心一堂編	
103	大六壬類闡	心一堂編	
104	六壬秘笈——韋千里占卜講義	【民國】韋千里	六壬入門必備
105	壬學述古	【民國】曹仁麟	依法占之，「無不神驗」
106	奇門揭要	心一堂編	集「法奇門」、「術奇門」精要
107	奇門行軍要略	【清】劉文瀾	條理清晰、簡明易用
108	奇門大宗直旨	劉毗	天下孤本　首次公開
109	奇門三奇干支神應	馮繼明	虛白廬藏本《秘藏遁甲天機》
110	奇門仙機	題【漢】張子房	奇門不傳之秘　應驗如神
111	奇門心法秘纂	題【漢】韓信（淮陰侯）	
112	奇門廬中闡秘	題【三國】諸葛武侯註	
選擇類			
113-114	儀度六壬選日要訣	【清】張九儀	清初三合風水名家張九儀擇日秘傳
115	天元選擇辨正	【清】一園主人	釋蔣大鴻天元選擇法
其他類			
116	述卜筮星相學	【民國】袁樹珊	民初二大命理家南袁北韋
117-120	中國歷代卜人傳	【民國】袁樹珊	南袁之術數經典

占筮類			
121	卜易指南(二種)	【清】張孝宜	民國經典，補《增刪卜易》之不足
122	未來先知秘術——文王神課	【民國】張了凡	內容淺白、言簡意賅、條理分明
星命類			
123	人的運氣	汪季高(雙桐館主)	五六十年香港報章專欄結集！
124	命理尋源	【民國】徐樂吾	民國三大子平命理家徐樂吾必讀經典！
125	訂正滴天髓徵義		
126	滴天髓補註 附 子平一得		
127	窮通寶鑑評註 附 增補月談賦 四書子平		
128	古今名人命鑑		
129-130	紫微斗數捷覽(明刊孤本)[原(彩)色本] 附 點校本 (上)(下)	馮一、心一堂術數古籍整理編校小組 整理	明刊孤本 首次公開！
131	命學金聲	【民國】黃雲樵	民國名人八字、六壬奇門推命
132	命數叢譚	【民國】張雲溪	子平斗數共通、百多民國名人命例
133	定命錄	【民國】張一蟠	民國名人八十三命例詳細生平
134	《子平命術要訣》《知命篇》合刊	【民國】鄒文耀、【民國】胡仲言 撰	《子平命術要訣》科學命理；《知命篇》易理皇極、命理地理、奇門六壬互通
135	科學方式命理學	閻德潤博士	匯通八字、中醫、科學原理！
136	八字提要	韋千里	民國三大子平命理家韋千里必讀經典！
137	子平實驗錄	【民國】孟耐園	作者四十多年經驗 占卜奇靈 名震全國！
138	民國偉人星命錄	【民國】囂囂子	幾乎包括所民初總統及國務總理八字！
139	千里命鈔	韋千里	失傳民初三大命理家-韋千里 代表作
140	斗數命理新篇	張開卷	現代流行的「紫微斗數」內容及形式上深受本書影響
141	哲理電氣命數學——子平部	【民國】彭仕勛	命局按三等九級格局、不同術數互通借用
142	《人鑑——命理存驗・命理擷要》(原版足本)附《林庚白家傳》	【民國】林庚白	傳統子平學修正及革新、大量名人名例
143	《命學苑苑刊——新命》(第一集)附《名造評案》《名造類編》等	【民國】林庚白、張一蟠等撰	史上首個以「唯物史觀」來革新子平命學結集
相術類			
144	中西相人探原	【民國】袁樹珊	按人生百歲，所行部位，分類詳載
145	新相術	【美國】字拉克福原著、【民國】沈有乾編譯	通過觀察人的面相身形、色澤舉止等，得知性情、能力、習慣、優缺點等
146	骨相學	【民國】風萍生編著	結合醫學中生理及心理學，影響近代西、日、中相術深遠
147	人心觀破術 附運命與天稟	【日本】管原如庵、加藤孤雁原著，【民國】唐真如譯	觀破人心、運命與天稟的奧妙

148	《人相學之新研究》《看相偶述》合刊	盧毅安	集中外大成，無不奇驗；影響近代香港相術名著
149	冰鑑集	【民國】碧湖鷗客	各家相法精華、相術捷徑、圖文並茂附名人照片
150	《現代人相百面觀》《相人新法》合刊	【民國】吳道子輯	失傳民初相學經典二種　重現人間！
151	性相論	【民國】余晉龢	民初北平公安局專論相學與犯罪專著（犯罪學生物學派）
152	《相法講義》《相理秘旨》合刊	韋千里、孟瘦梅	命理學大家韋千里經典、傳統相術秘籍精華
153	《掌形哲學》附《世界名人掌形》《小傳》	【民國】余萍客	圖文并茂、附歐美名人掌形圖及生平簡介
154	觀察術	【民國】吳貴長	可補充傳統相術之不足
堪輿類			
155	羅經消納正宗	【明】沈昇撰、【明】史自成、丁孟章合纂	失傳四庫存目珍稀風水古籍
156	風水正原	【清】余天藻	●積德為求地之本，形家必讀！●純宗形家，與清代欽天監地理風水主張大致相同
157	安溪地話（風水正原二集）		
158	《蔣子挨星圖》附《玉鑰匙》	傳【清】蔣大鴻等	窺知無常派章仲山一脈真傳奧秘
159	樓宇寶鑑	吳師青	陽宅風水必讀、現代城市樓宇風水看法改革
160	《香港山脈形勢論》《如何應用日景羅經》合刊		香港風水山脈形勢專著
161	三元真諦稿本——讀地理辨正指南	【民國】王元極	被譽為蔣大鴻、章仲山後第一人
162	三元陽宅萃篇		內容直接了當，盡揭三元玄空家之秘
163	王元極增批地理冰海 附批點原本地理冰海	【清】高守中【民國】王元極	
164	地理辨正發微	【清】唐南雅	極之清楚明白，披肝露膽
165-167	增廣沈氏玄空學 附 仲山宅斷秘繪稿本三種、自得齋地理叢說稿鈔本（上）（中）（下）	【清】沈竹礽	玄空必讀經典！附《仲山宅斷》幾種鈔本及批點本，畫龍點睛、披肝露膽，道中刊印本未點破的秘訣
168-169	巒頭指迷（上）（下）	【清】尹貞夫原著、【民國】何廷珊增訂、批注	圖文并茂：龍、砂、穴、水、星辰九十九變 洩漏天機：蔣大鴻、賴布衣挨星秘訣及用法
170-171	三元地理真傳（兩種）（上）（下）	【清】趙文鳴	蔣大鴻嫡派真傳張仲馨一脈二十種家傳秘本、宅墓案例三十八圖，並附天星擇日
172	三元宅墓圖 附 家傳秘冊		
173	宅運撮要	【民國】尤惜陰（演本法師）、榮柏雲	撮三集《宅運新案》之精要
174	章仲山秘傳玄空斷驗筆記 附 章仲山斷宅圖註	【清】章仲山傳、【清】唐鷺亭纂	無常派玄空不外傳秘中秘！二宅實例有斷驗及改造內容
175	汪氏地理辨正發微 附 地理辨正真本	【清】蔣大鴻、姜垚原著、【清】汪云吾發微	蔣大鴻嫡派張仲馨一脈三元理、法、訣具體泄露
176	蔣大鴻家傳歸厚錄汪氏圖解	【清】蔣大鴻、【清】汪云吾圖解	三百年來最佳《地理辦正》註解！石破天驚！
177	蔣大鴻嫡傳三元地理秘書十一種批注	【清】蔣大鴻原著、【清】汪云吾、【清】劉樂山註	

178	《星氣(卦)通義(蔣大鴻秘本四十八局圖并打劫法)》《天驚秘訣》合刊	題【清】蔣大鴻 著	江西興國真傳三元風水秘本
179	蔣大鴻嫡傳天心相宅秘訣全圖附陽宅指南等秘書五種	【清】蔣大鴻編訂、【清】汪云吾、劉樂山註	蔣大鴻徒張仲馨秘傳陽宅風水「教科書」！
180	家傳三元地理秘書十三種		真天宮之秘 千金不易之寶
181	章仲山門內秘傳《堪輿奇書》附《天心正運》	【清】章仲山傳、【清】華湛恩	直洩無常派章仲山玄空風水不傳之秘
182	《挨星金口訣》、《王元極增批補圖七十二葬法訂本》合刊	[民國]王元極	秘中秘——玄空挨星真訣公開！字字千金！
183-184	《家傳三元古今名墓圖集附謝氏水鉗》《蔣氏三元名墓圖集》合刊(上)(下)	(清)孫景堂，劉樂山，張稼夫	蔣大鴻嫡傳風水宅案、幕講師、蔣大鴻、姜垚等名家多個實例，破禁公開！
185-186	《山洋指迷》足本兩種 附《尋龍歌》(上)(下)	【明】周景一	風水巒頭形家必讀《山洋指迷》足本！
187-196	蔣大鴻嫡傳水龍經注解 附 虛白廬藏珍本水龍經四種(1-10)	【清】蔣大鴻編訂、【清】楊臥雲、汪云吾、劉樂山註	蔣大鴻嫡傳一脈授徒秘笈 希世之寶 千年以來，師師相授之秘旨，破禁公開！完整了解蔣氏嫡派真傳一脈三元理、法、訣！ 附已知最古《水龍經》鈔本等五種稀見《水龍經》
197	批注地理辨正直解		無常派玄空必讀經典未刪改本！
198	《天元五歌闡義》附《元空秘旨》(清刻原本)	【清】章仲山	
199	心眼指要(清刻原本)		
200	華氏天心正運	【清】華湛恩	
201-202	批注地理辨正再辨直解合編(上)(下)	【清】蔣大鴻原著、【清】姚銘三再註、【清】章仲山直解	失傳姚銘三玄空經典重現人間！名家：沈竹礽、王元極推薦！
203	章仲山注《玄機賦》《元空秘旨》附《口訣中秘訣》《因象求義》等九種合刊	【清】章仲山	近三百年來首次公開！ 章仲山無常派玄空秘密，和盤托出！章仲山注《玄機賦》及章仲山原傳之口訣及筆記
204	章仲山門內真傳《三元九運挨星篇》《運用篇》《挨星定局篇》《口訣篇》等合刊	【清】章仲山、柯遠峰等	
205	章仲山門內真傳《大玄空秘圖訣》《天驚訣》《飛星要訣》《九星斷略》《得益錄》等合刊	【清】章仲山、冬園子等	
206	撼龍經真義	吳師青註	近代香港名家吳師青必讀經典
207	章仲山嫡傳《翻卦挨星圖》《秘鈔元空秘旨》附《秘鈔天元五歌闡義》	【清】章仲山傳、【清】王介如輯撰	透露章仲山家傳玄空嫡傳學習次弟及關鍵不傳之秘
208	章仲山嫡傳秘鈔《秘圖》《節錄心眼指要》合刊		
209	《談氏三元地理大玄空實驗》附《談養吾秘稿奇門占驗》	【民國】談養吾撰	史上首次公開「無常派」下卦起星等挨星秘密之書
210	《談氏三元地理濟世淺言》附《打開一條生路》		了解談氏入世的易學卦德爻象思想
211-215	《地理辨正集註》附 《六法金鎖秘》《巒頭指迷真詮》《作法雜綴》等(1-5)	【清】尋緣居士	集《地理辨正》一百零八家註解大成精華 匯巒頭及蔣氏、六法、無常、湘楚等秘本 史上最大篇幅的《地理辨正》註解
216	三元大玄空地理二宅實驗(足本修正版)	【民國】尤惜陰(演本法師)、榮柏雲撰	三元玄空無常派必讀經典足本修正版

心一堂術數古籍珍本叢刊 第二輯書目

217	蔣徒呂相烈傳《幕講度針》附《元空秘斷》《陰陽法竅》《挨星作用》	【清】呂相烈	蔣大鴻門人呂相烈三元秘本三百年來首次破禁公開！
218	挨星撮要（蔣徒呂相烈傳）		
219-221	《沈氏玄空挨星圖》《沈註章仲山宅斷未定稿》《沈氏玄空學（四卷原本）》合刊（上中下）	【清】沈竹礽 等	揭開沈氏玄空挨星五行吉凶斷的不同用法 章仲山宅斷未刪本、沈氏玄空學原本佚文、玄空挨星圖稿鈔本 大公開！
222	地理穿透真傳（虛白廬藏清初刻原本）	【清】張九儀	三合天星家宗師張九儀畢生地學精華結集
223-224	地理元合會通二種（上）（下）	【清】姚炳奎	分發兩家（三元、三合）之秘，會通其用 詳解注羅盤（蔣盤、賴盤）；義理、斷驗俱精
其他類			
225	天運占星學 附 商業周期、股市粹言	吳師青	天星預測股市，神準經典
226	易元會運	馬翰如	《皇極經世》配卦以推演世運與國運
三式類			
227	大六壬指南（清初木刻五卷足本）		六壬學占驗課案必讀經典海內善本
228-229	甲遁真授秘集（批注本）（上）（下）	【清】薛鳳祚	明清皇家欽天監秘傳奇門遁甲 奇門、易經、皇極經世結合經典
230	奇門詮正	【民國】曹仁麟	簡易、明白、實用，無師自通！
231	大六壬探源	【民國】袁樹珊	民初三大命理家袁樹研究六壬四十餘年代表作
232	遁甲釋要	【民國】徐昂	推衍遁甲、易學、洛書九宮大義！
233	《六壬卦課》《河洛數釋》《演玄》合刊		疏理六壬、河洛數、太玄隱義！
234	六壬指南（【民國】黃企喬）	【民國】黃企喬	失傳經典 大量實例
選擇類			
235	王元極校補天元選擇辨正	原【清】謝少暉輯、【民國】王元極校補	三元地理天星選日必讀
236	王元極選擇辨真全書 附 秘鈔風水選擇訣	【民國】王元極	王元極天昌館選擇之要旨
237	蔣大鴻嫡傳天星選擇秘書注解三種	【清】蔣大鴻編訂、【清】楊臥雲、汪云吾、劉樂山註	蔣大鴻陰陽二宅天星擇日日課案例！
238	增補選吉探源	【民國】袁樹珊	按表檢查，按圖索驥：簡易、實用！
239	《八風考略》《九宮撰略》《九宮考辨》合刊	沈瓞民	會通沈氏玄空飛星立極、配卦深義
其他類			
240	《中國原子哲學》附《易世》《易命》	馬翰如	國運、世運的推演及預言